公認会計士・税理士・
米国公認会計士・米国税理士

資格取得・就職・転職・開業ガイドブック〔改訂版〕

公認会計士
税理士
米国公認会計士
米国税理士
福留 聡
Satoshi Fukudome

税務経理協会

改訂版刊行にあたって

この本の初版が刊行されてから約5年が経過しており、その間に出題範囲、出題内容、受験状況、就職状況等は変化している。

今回、初版が好評だったこともあり、初版の内容、形式を活かしつつも、現行の状況に合わせて各章をアップデートするとともに、私も公認会計士業界に入ってから17年超経過したことから、初版刊行からの約5年間の中で新たに獲得した情報、経験を加筆した。

具体的には、各資格試験の情報のアップデートはもちろん、公認会計士の主な就職先となる監査法人の情報や各会計資格の開業の情報等を中心にアップデートしており、第8章会計資格以外で公認会計士、税理士にお薦めのダブルライセンス資格を新たに加筆した。

本書の特徴は、下記のとおりである。

① 日米公認会計士資格及び日米税理士資格の業務内容を相互比較のうえで理解できる。

② 日米公認会計士資格及び日米税理士資格の試験概要、資格登録、資格維持制度を相互比較のう

えで理解できる。

③ 日米公認会計士資格及び日米税理士資格の就職、転職、開業の選択肢や実態、資格の活かし方等が理解できる。

④ 日米公認会計士資格及び日米税理士資格取得による実務の役立ち、実務で必要な英語力、米国資格を取得するメリットを理解できる。

⑤ 実際に日米公認会計士資格及び日米税理士資格を保有している私がこれら資格の取得の動機、スキルアップ方法の体験談を披露しているため、一つの参考になる。

⑥ 公認会計士、税理士が、会計資格以外のダブルライセンス資格取得を考える際の参考になる。

本書は、日米公認会計士資格及び日米税理士資格の資格取得を目指す者や、これらの資格を既に保有しており、就職、転職、開業を考えている者や、他の関連する資格の取得を考えている者に、私のこれら資格の知識、実際の体験談や私見等が少しでも参考になれば幸いである。

令和2年2月

福留　聡

はじめに

日米公認会計士資格及び日米税理士資格について資格試験の概要や、仕事の内容、資格合格のための勉強法等の本は複数存在するが、各々の資格の実践的な活用方法や各資格の就職、転職、開業の実態をリアルに書いている書籍は数少ない。これらの資格の取得、就職、転職、開業のすべてを経験した著者が、本当の資格試験の難易度や資格取得のメリット、就職、転職及び開業にどのようにこれらの資格を活かすかを解説する。昇進や年収等多岐にわたり、自分の資格取得、就職、転職、開業の経験を踏まえて深く考察、分析し、本音を書くことで、今後これらの資格取得を目指す者や、他の関連する資格の取得を考えている者に有意義かつ実践的なリアルな情報をお伝えしたい。

そのため、本書の構成は、第1章が公認会計士・税理士・米国公認会計士（USCPA）・米国税理士（EA）の業務内容、第2章が公認会計士・税理士・米国公認会計士（USCPA）・米国税理士（EA）の試験概要、資格登録、資格維持制度、第3章が公認会計士・税理士・米国公認会計士（USCPA）・米国税理士（EA）の就職及び転職、第4章が公認会計士・税理士・米国公認会計士（USCPA）・米国税理士（EA）の開業、第5章が各々資格の資格取得の実務への役立ち、実務で必要な英語力、日本の公認会計士又は税理士が米国公認会計士（USCPA）又は米国税理士（EA）を取得するメリット、一般事業会社所属の者が米国公認会計士（USCPA）又は米国税理士（ＥＡ）を取得するメリット、第６章が公認会計士・税理士・米国公認会計士（ＵＳＣＰＡ）・米国税理士（ＥＡ）の昇進及び年収、第７章が私の資格取得の動機と知識の維持向上及びスキルアップ方法、取得するとプラスになる他の資格から構成されている。

本書の特徴は、次のとおりである。

① 日米公認会計士資格及び日米税理士資格の業務内容を相互比較のうえで理解できる。
② 日米公認会計士資格及び日米税理士資格の試験概要、資格登録、資格維持制度を相互比較のうえで理解できる。
③ 日米公認会計士資格及び日米税理士資格の就職、転職、開業の選択肢や実態、資格の活かし方等が理解できる。
④ 日米公認会計士資格及び日米税理士資格取得による実務の役立ち、実務で必要な英語力、米国資格を取得するメリットを理解できる。
⑤ 実際に日米公認会計士資格及び日米税理士資格を保有している私がこれら資格の取得の動機、スキルアップ方法の体験談を披露しているため、一つの参考になる。

前記のとおり、本書は、日米公認会計士資格及び日米税理士資格の日米会計系４大資格の資格取得を目指す者や、これらの資格を既に保有しており、就職、転職、開業を考えている者や、他の関連する資格の取得を考えている者に、私のこれら資格の知識、実際の体験談や私見等が少しでも参考になれば幸いである。

平成26年10月

福留　聡

目次

第2章 公認会計士・税理士・米国公認会計士（USCPA）・米国税理士（EA）の試験概要、資格登録、資格維持制度 11

第1章 公認会計士・税理士・米国公認会計士（USCPA）・米国税理士（EA）の業務内容

本書は、公認会計士・税理士・米国公認会計士・米国税理士という日米の会計の4大資格を保有して就職、転職、開業のすべてを経験した私が、それぞれの資格を就職、転職、開業にどのように活かしてきたかについて書くことで、これからこれら4つの会計資格を目指す方、既に保有しているが資格の活かし方を参考にしたい方、追加で米国の会計資格を保有したい方々の参考になれば幸いである。

第1章では、公認会計士・税理士・米国公認会計士・米国税理士それぞれの業務内容を比較しながら説明する。

1 公認会計士の業務内容

公認会計士の業務は大きく分けて監査、税務、コンサルティングの3つの業務に分けることが出来る。

(1) 監査業務

企業から学校法人、地方公共団体など幅広い対象について、財務情報の適正性につき意見を表明し、その信頼性を保証している。

監査証明業務には、法定監査と法定監査以外の監査がある。

法定監査は主に、金融商品取引法に基づく監査、会社法に基づく監査からなる。

① 金融商品取引法に基づく監査

特定の有価証券発行者等が提出する有価証券報告書等に含まれる財務計算に関する書類（貸借対照表や損益計算書等）は、公認会計士又は監査法人の監査証明を受けなければならないとされている（金融商品取引法第193条の2第1項、第2項）。

② 会社法に基づく監査

大会社及び委員会設置会社は、会計監査人を置くことが義務付けられている（会社法第327条、第328条）。

また、会計監査人を置く旨を定款に定めれば、すべての株式会社は会計監査人を置くことができる。

会計監査人の資格は、公認会計士又は監査法人でなければならない。

その他は保険相互会社、学校法人、地方公共団体等の監査が法定監査となる。

法定監査以外の監査としては、医療法人、社会福祉法人、宗教法人、農業協同組合・水産業協同組合、消費生活協同組合、特例民法法人等の監査がある。

(2) 税務業務

公認会計士は税理士登録し、税理士会に入会することにより、税務業務を行うことができる。

税務業務の例として、企業及び非営利法人への税務指導と税務申告、企業再編に伴う税務処理及び財務調査、移転価格税制、連結納税制度などの指導・助言、海外現地法人、合弁会社設立を含む国際税務支援、その他税務相談、指導・助言、代理（法人税、所得税、事業税、住民税、相続税、贈与税、消費税など）、申告代理から税務官庁との交渉等がある。

税理士は公認会計士の独占業務である法定監査権限はないが、公認会計士は税理士登録して税理士業務が可能である。

公認会計士の監査業務は、自身では決算書を作成せず、会社が作成した決算書について監査意見を付与するため、公認会計士は企業から独立した第三者としての立場を求められている。

一方、税理士は、企業に代わって、税務申告書類を作成する、企業の代理人としての立場で業務を行う。

それゆえ、公認会計士は上場企業等大企業のクライアント中心だが、税理士は独力で税務申告書類を作成できない中小企業のクライアントが中心となる。なお、諸外国では通常公認会計士＝税理士であり、公認会計士は当然税務業務を行うことができるとされている。

独占業務としての税理士が存在するのは日本、ドイツ、オーストリア、中国等一部の国だけである。なお、本書で取り上げる米国税理士は税務の独占業務権限はない。

(3) コンサルティング業務

会計、監査、税務、内部統制、システム等、公認会計士や税理士として必要とされる知識を使い多岐にわたるコンサルティングが可能である。

コンサルティング業務の事例として、内部統制支援業務、ＩＦＲＳ（国際財務報告基準）の導入支援や日本基準からＩＦＲＳやＵＳＧＡＡＰ（米国会計基準）への財務諸表組替支援等の業務、ＩＰＯ支援業務（株式公開支援）、相談業務（会社の経営戦略、長期経営計画を通じたトップ・マネジメント・コンサルティング）、実行支援業務（情報システム・生産管理システム等の開発と導入）、組織再編などに関する指導、助言、財務デューディリジェンス（Ｍ＆Ａの財務調査、企業価値評価等）、企業再生計画の策定、検証、環境・ＣＳＲ情報の指導、助言、株価、知的財産等の評価、不正調査、Trustサービス（Web Trust, Sys Trustの原則及び基準に基づく検証・助言）、システム監査、システムリスク監査（システム及び内部統制の信頼性・安全性・効率性等の評価・検証）、システムコンサルティング（情報システムの開発・保守、導入、運用、リスク管理等に関するコンサルティング）、不正や誤謬を防止するための管理システム（内部統制組織）の立案、指導、助言、資金管理、在庫管理、固定資産管理などの管理会計の立案、指導、助言、コンプライアンス成熟度評価、コーポレート・ガバナンスの支援がある。

なお、このコンサルティング業務は、公認会計士の代表的な業務の一つというだけであり、特に資格がなくても提供可能な業務である。

したがって、税理士と公認会計士の業務の違いは、(1)監査業務を公認会計士のみが行えることであり、税理士も、(2)税務業務、(3)コンサルティング業務は行えるため、公認会計士になる意味は、(1)監査業務を行うことにあるといっても過言ではない。

2 税理士の業務内容

税理士の業務内容は、1 公認会計士の業務内容に記載の(2)税務業務となるが、より詳細に業務内容を説明すると左記業務内容からなる。

(1) 税務代理

税務代理は、税務官公署（国税不服審判所を含む）に対する税法や行政不服審査法の規定に基づく申告、申請、請求、不服申立等税務調査や処分に対する主張について代理、代行することである。

税理士は、税務代理をする場合においては、依頼者から委任状をもらい、税務官公署に提出しなければならない。

税務調査の立会も税務代理における重要な仕事であり、税務代理をする場合、税務官公署の職員と面接するときは、税理士証票を呈示しなければならないことになっている。

(2) 税務書類の作成

税務書類の作成とは、税務官公署に提出する申告書や申請書等の書類を作成することである。

申告書等税務書類を作成して税務官公署に提出する場合は、その書類に署名押印をしなければならない。

(3) 税務相談

税務相談は、税務官公署に対する申告や主張、陳述、申告書等の作成に関し、租税の課税標準等の計算に関する事項について相談に応ずることである。

(4) 会計業務

会計業務は、税理士業務に付随して、財務書類の作成、会計帳簿の記帳の代行その他財務に関する事務を行う。

(5) 租税に関する訴訟の補佐人

租税に関する訴訟の補佐人になることで、租税に関する訴訟において訴訟代理人（弁護士）とともに出頭・陳述し、納税者を支援する。

なお、(1)税務代理、(2)税務書類の作成、(3)税務相談の業務は、有償、無償を問わず、税理士でなければならない。

また、税理士でない者は、「税理士」「税理士事務所」又はこれらに類似する名称を用いてはならないことになっている。

3 米国公認会計士（USCPA）の業務内容

米国公認会計士は日本ではよく、米国の公認会計士という意味でUSCPAと呼ばれる。米国公認会計士の業務内容は、日本の公認会計士同様に監査業務、税務業務、コンサルティング業務からなる。日本の公認会計士の業務との大きな相違点は次のとおりになる。

① 米国公認会計士は、米国税理士登録をしなくても税務業務を行える。
② 米国公認会計士は、あくまでも米国の公認会計士資格であるため、日本の監査業務では、監査報告書にサインは出来ず、補助者として監査業務に従事することしかできない。
③ 米国公認会計士は、あくまでも米国の公認会計士資格であるため、日本の税務業務は行えず、税務業務は、米国税法に基づき法人税申告書・個人所得税申告書等の作成をする。

4 米国税理士（EA）の業務内容

米国税理士は、ＩＲＳに対して行う業務である申告書作成業務をはじめ、ＩＲＳ内国歳入庁に対しＩＲＳが定めた法規制の下での、納税者の権利、特権、債務に関して行うすべての税務代理業務を行う。

米国税理士は、正式な英語の名称はEnrolled Agent（略称ＥＡ）であり、登録代理人と訳されるが、日本では米国税理士と言われる場合が多い。

米国税理士は、日本においては、米国税法に基づく法人及び個人の申告書作成業務、米国税務の相談、日本企業の米国における投資及び米国進出、米国企業の日本における投資及び日本進出にまたがる税務を担当する場合が多い。

なお、米国では、報酬を得て申告書を作成するのに資格は不要であり、税務業務を行う資格として、米国税理士の下位資格にＲＴＲＰ（Registered Tax Return Preparer：登録申告作成者）があり、この資格では、個人の税務代理業務のみを扱え、ＩＲＳの徴収部門や不服審査部門に対して代理権限はない。一方、米国税理士は、ＩＲＳの徴収部門や不服審査部門に対する代理権限を含めこれらの業務を制約なく行える。

米国税理士は、日本の税理士と同様の扱いではなく、米国税理士が行える業務を、米国の弁護士、公認会計士、登録保険数理人、登録退職年金プラン代理人も、米国税理士登録をせず行える。

第2章 公認会計士・税理士・米国公認会計士（USCPA）・米国税理士（EA）の試験概要、資格登録、資格維持制度

1 公認会計士の試験概要、資格登録、資格維持制度

(1) 公認会計士試験の受験資格

年齢、性別、学歴に制限はなく誰でも受験可能である。

(2) 公認会計士試験と公認会計士登録までの流れ

公認会計士になるには、公認会計士・監査審査会が実施する短答式試験と論文式試験からなる公認会計士試験（旧公認会計士2次試験に相当）を受験し合格後、2年以上の業務補助等の経験と一般財団法人会計教育研修機構が実施する実務補習（標準課程は3年）を履修し必要単位を収めた者に対し

受験資格が与えられ、実務補習の内容全体について適切な理解がなされているかどうかを確認するとともに、職業専門家としての実務的な専門能力と適格性の確認を目的とした公認会計士協会が実施する実務補修の修了考査（旧公認会計士3次試験に相当）に合格し実務補修を修了する必要がある。

なお、短答式試験に合格し、論文式試験が不合格だった場合、以後2年間は短答式試験を免除される。

論文式試験において受験科目全体では合格基準に達せず不合格となっても、科目単位で合格基準を満たしているものがあれば、以後2年間は当該科目の受験を免除される。

公認会計士となるのに必要な2年以上の業務補助等には公認会計士法第2条第1項の監査又は証明業務で公認会計士又は監査法人を補助する業務補助と財務に関する監査、分析その他の実務であり、政令で定めるものに従事する実務従事の2種類があり、公認会計士試験の合格の前後を問わない。

実務従事については、公認会計士法施行令に委ねられており、国又は地方公共団体の機関において、資本金額5億円以上の法人の会計に関する検査若しくは監査又は国税に関する調査若しくは検査の事務を直接担当すること、預金保険法（昭和46年法律第34号）第2条第1項に規定する金融機関、保険会社、無尽会社又は特別の法律により設立された法人であってこれらに準ずるものにおいて、貸付け、債務の保証その他これらに準ずる資金の運用に関する事務を直接担当すること、又は、資本金額5億円以上の法人において、原価計算その他の財務分析に関する事務を直接担当することが必要とされている。

(3) 公認会計士試験の試験科目

短答式試験は、次の4科目からなる。

一　財務会計論
二　管理会計論
三　監査論
四　企業法

論文式試験は、次の必須科目4科目と選択科目1科目からなる。

一　会計学
二　監査論
三　企業法
四　租税法

五　次の科目のうち受験者のあらかじめ選択する一科目

イ　経営学

ロ　経済学

ハ　民法

ニ　統計学

(4) 公認会計士試験の実施回数

短答式試験年2回、論文式試験年1回、修了考査年1回

(5) 公認会計士試験の合格者数、合格率、合格基準、受験料

参考までに令和元年の公認会計士試験の願書提出者数、合格者数、合格率は、願書提出者数12、532名、合格者数1、337名で合格率は10・7%であり、近年合格者数、受験者数とも回復傾向であり、大量合格時代の平成19年（合格率14・8%）、平成20年（合格率15・3%）を除き合格率は概ね10%～11%台で推移している。

合格基準は次のとおりだが、実際はあってないようなもので概ね年ごとに合格者数、合格率を決められた競争試験である。得点は、合格者数、合格率にあわせて調整されると思っていた方がよい。

なお、現在、公認会計士試験の受験料は19,500円である。

① 短答式試験

総点数の70%を基準として、公認会計士・監査審査会が相当と認めた得点比率とする。

ただし、1科目につき、その満点の40%に満たないもののある者は、不合格とすることができる。

② 論文式試験

52%の得点比率を基準として、公認会計士・監査審査会が相当と認めた得点比率とする。

ただし、1科目につき、その得点比率が40%に満たないもののある者は、不合格とすることができる。

なお、論文式試験の一部科目免除資格取得基準については、試験科目のうちの一部の科目について、同一の回の公認会計士試験における公認会計士試験合格者の平均得点比率を基準として、公認会計士・監査審査会が相当と認めた得点比率以上を得た者を一部科目免除資格取得者としている。

⑹ 修了考査

修了考査は旧公認会計士3次試験に相当する実務経験者用の試験であり、筆記のみで行われ、次の5科目からなる。

① 会計に関する理論及び実務
② 監査に関する理論及び実務
③ 税に関する理論及び実務
④ 経営に関する理論及び実務（コンピュータに関する理論を含む。）
⑤ 公認会計士の業務に関する法規及び職業倫理

合格基準は、総点数の60％を基準として、修了考査運営委員会が相当と認めた得点比率とされる。ただし、満点の40％に満たない科目が1科目でもある者は、不合格となることがある。

平成29年度までは合格率70％程度の試験であったが、平成30年度は合格率が56・1％と急落しており、今後の合格率の推移を見守る必要があるが、気の抜けない試験になってくる可能性がある。

なお、現在、修了考査の受験料は28、000円である。

(7) 公認会計士試験の難易度、必要な勉強時間

公認会計士試験（旧公認会計士2次試験に相当）は、合格するために必要な時間は、一般的に約3、000～4、000時間程度で2年～4年程度と言われ、会計系の資格では最難関の資格であり、文系の試験では、司法試験、国家公務員総合職試験と並び3大難関試験と言われる試験の一つである。

なお、大量合格時代の平成19年（合格率14・8％）、平成20年（合格率15・3％）の合格者が半年以内で合格したという本を見るが、この2年間は合格率が通常の公認会計士試験の合格率の2倍の時代であり、短答式試験合格者レベルで論文式試験を合格できた時代である。相当割引いて、参考程度に読まないと試験をなめて痛い目にあうので注意が必要である。

公認会計士試験合格後実務経験を経て、修了考査を受けて公認会計士登録するのが一般的であるため、実務経験を積むために、公認会計士試験合格者の多くは大手監査法人に入る。実質的には、大手監査法人に入るための就職試験となっている。

合格者の平均年齢は25歳～26歳前後であり、合格者の急増により若年者の合格者数が増加しており、就職難の年度の場合は、遅くとも25歳までに合格しないと大手監査法人への就職は困難となっている。

新試験制度により、短答式試験及び論文式試験科目の2年間有効の合格制度が導入されたため、旧試験制度よりも多少ではあるが、社会人合格者数や社会人合格者の合格者全体に占める割合は増加している。現在（令和元年12月時点）は、売手市場であるが前年以前より大手監査法人は採用人員を絞

り始めている。

なお、受験資格は特に定められていないので、年齢や学歴にかかわらず、誰でも受験することができる。

修了考査（旧公認会計士3次試験に相当）は、10人に3人から4人は不合格となる試験であるため、決して簡単な試験とは言えず、十分な受験勉強と試験対策が必要となるが、公認会計士試験に比較し、普通に勉強すればまず合格する試験であり、他の人並みに勉強することが重要となる。

(8) 資格維持制度

公認会計士には登録後資格を維持するために、継続的専門教育（CPE）制度があり、継続して、研修を受講したり、記事を読んで論文を書いたり、研修講師をしたり等大学生のように単位取得が必要であり、必要単位は、現在（令和元年12月時点）では、どの年をとっても3年合計で120単位、職業倫理が毎年2単位、税務が毎年2単位、監査の品質及び不正リスク対応が法定監査従事者は年間6単位、監査の品質及び不正リスク対応のうち不正事例研究が年間2単位義務付けられている。

(9) 私の合格体験記

私が行った公認会計士試験資格取得対策、勉強方法を紹介する。

なお、私は旧公認会計士試験の2次試験、3次試験を合格しており、合格時の勉強方法を簡単に次で紹介する。

したがって、新公認会計士試験の科目で私が受験していない科目は説明を省略する。

2 旧公認会計士試験2次試験勉強法（現行の公認会計士試験に相当）

全体的に短答式試験用の特別な対策は行わず、短答式試験対策は模試を受け、問題集を数回転したのみで、ほとんどの時間を論文式試験対策にあてた。短答式試験は基本問題が中心で論文式試験対策が短答式試験対策にそのままつながりいい点数がとれた。ただし、現行の公認会計士試験は、短答式試験を一度合格すれば2年間有効であるため、旧試験より短答式試験に特化した勉強が必要である。

公認会計士試験は計算科目で大きな差がつき、得点があらかじめ計算できるため、入門期にまず簿記、原価計算を中心に勉強し、基礎固めをし、上級期に理論科目を標準レベル以上にすることが合格するために重要である。公認会計士試験は、科目数が多いため、不得意科目は作らず、すべての科目で平均レベルを超えることが必要で、それが出来れば合格は早い。

(1) 簿記（現行試験の財務会計論）

簿記の勉強は、公認会計士講座のコース申込後、入門期に並行して日商簿記検定試験用のテキストと問題集を3級、2級、1級と全経簿記上級、税理士の簿記論の勉強を独学で行い、入門期に2級、1級、全経簿記上級、税理士の簿記論を受験し合格した。

入門期は上級期と比較し、比較的時間に余裕があるため、入門期のテキスト、問題集を繰り返すだけでなく、日商簿記検定、全経簿記上級、税理士の簿記論を勉強し、体に仕訳と簿記一巡を染み込ませることで計算が迅速且つ正確に出来るよう訓練した。

上級期では、入門期で基礎は出来ていたため、答練中心に慣れとスピードを高めた。

入門期に簿記、原価計算といった計算科目を習得しておき、上級期に理論科目中心の勉強に専念できると早期合格の可能性は高い。

(2) 財務諸表論（現行試験の財務会計論）

入門期は簡単な理論をテキスト中心に学習し、主にこの科目は上級期に勉強した。主に理解を中心に心がけ、テキストの読み込みと論文問題集の文章を何回も黙読し覚えた。財務諸表論は理解重視で考える力がついたのが今の実務で非常に役立っている。

なお、税理士試験の財務諸表論は公認会計士試験合格時に合格したが、税理士試験の場合は財務諸表論も計算科目中心で理論は基礎的な内容中心で、どちらかというと会社法計算書類の表示に重点を置いた出題である。

(3) 原価計算（現行試験の管理会計論）

原価計算も、入門期に簿記同様に入門期の原価計算の学習と同時に2級、1級の日商簿記検定試験用のテキストと問題集、全経簿記上級の問題集を利用し演習を行った。

基本的な学習方法は簿記論と似ている。簿記は部分点を積み重ねられるが、原価計算は小問1問間違えると芋づる式に間違えることになる科目なので、簿記よりハイリスク、ハイリターンな科目であること、理論科目も出るので、別途答練等に出てきた問題中心に理論の勉強も必要であることが相違点である。

(4)　監査論（現行試験も同名）

監査論は、財務諸表論同様に入門期は、簡単な理論をテキスト中心に学習し、主に上級期に勉強した。

主に理解を中心に心がけ、テキストの読み込みと論文問題集の文章を何回も黙読し覚えた。

監査論は理解重視が望ましいが多くの受験生は監査実務経験、経理実務経験がないので講義を聞いてもピンと来ない部分が多いため、財務諸表論よりは暗記中心の勉強とならざるを得ない側面がある。

(5)　商法（現行は会社法といい、現行試験の試験科目は金融商品取引法含めた企業法）

私の時は、金融商品取引法の出題はなかった。

財務諸表論同様に入門期は、簡単な理論をテキスト中心に学習し、主にこの科目は上級期に勉強した。

主に理解を中心に心がけ、テキストの読み込みと論文問題集の文章を何回も黙読し覚えた。

(6) 経営学（現行試験も同名）

経営学は、ほぼ上級期にのみ勉強し、試験委員により出題が異なる科目のため、2つの予備校で履修した。

ボリュームは少ないため比較的短期集中的に勉強し、その中でも差がつきやすい計算科目中心の財務論を中心に勉強した。

(7) 経済学（現行試験も同名）

経済学は、公認会計士試験においては計算科目中心であり、簿記、原価計算同様に差がつく科目であったため、上級期に力を入れて勉強し、答練の問題を繰り返し解いた。

経済学は数学に近く、原価計算以上に小問1問間違えると芋づる式に間違えることになる科目なので、簿記、原価計算よりハイリスク、ハイリターンな科目であること、理論科目も出るので、別途答練等に出てきた問題を中心に理論の勉強も必要であることが留意点である。

3 旧公認会計士3次試験勉強法（現行の修了考査）

私の旧3次試験合格時の勉強方法を簡単に紹介する。

したがって、新試験の科目で私が受験していない科目は説明を省略する。

全体的に、旧3次試験は、予備校の講座を履修したが、旧2次試験と異なり講座数が少なく、そのテキスト問題集をこなしても説明がわかりにくいという難点がある。分析実務と税務実務は予備校のテキスト、問題集を中心に勉強した。会計実務、監査実務は予備校の問題集だけでなく、監査小六法（現在の会計監査六法、監査実務ハンドブック）中心に勉強した。

(1) 会計実務（現行試験では、会計に関する理論及び実務）

予備校の講座のテキスト、問題集、答練だけでなく、監査小六法の基準、規則、実務指針、Q＆A等一通り読み、設例を1、2回程度解いて試験を受けた。

監査小六法の設例をこなせば、似たような問題が数値を変えて出題されるため、高得点がとれるはずである。

また、日頃実務を行う際に頻繁に六法にあたっておくことも重要である。

(2) 監査実務（現行試験では、監査に関する理論及び実務及び公認会計士の業務に関する法規及び職業倫理）

予備校の講座のテキスト、問題集、答練だけでなく、監査小六法の監査基準、委員会報告等を一通り読んだ。

この科目は監査小六法の監査基準、委員会報告等を一通り読むことと、普段の実務が重要であり、普段の実務上の経験でかなり答案が書けるはずである。

(3) 税務実務（現行試験では、税に関する理論及び実務）

税法は、予備校の講座のテキスト、問題集、答練を中心に学習し、空いた時間に頻繁に問題を解くことと、理論も出るため、時間あるときに目を通して覚えることが重要である。

(4) 分析実務（現行試験では、経営に関する理論及び実務（コンピュータに関する理論を含む））

分析実務は、財務分析、管理会計、経営学の財務論を中心に予備校の講座のテキスト、問題集、答練中心に計算重視で学習した。

(5) 論文(現行試験ではない)

旧3次試験は、時事、会計、監査実務の中から比較的ホットな話題につき論文を書く試験があったが、特に対策は行わず、他の科目の勉強と新聞等の知識で対応した。

(6) 口述試験(現行試験ではない)

当時の旧公認会計士3次試験は筆記で受験者の7割が合格後、筆記試験合格者に対し口述試験を行っており、9割が合格し、最終的に受験者の6割強が合格していた。

口述試験は、数日に分かれて長い期間行われ、筆記試験科目に対して試験委員が実務的な問題の質問を受験者に行い、回答する試験であった。

そのため、口述対策はほとんど行わず、予備校が配付してくれる過去の問題や既に受験が終わった受験生からの情報をもとに作成された問題を集めたものを眺める程度であった。

4 税理士試験の試験概要、資格登録、資格維持制度

(1) 税理士試験の受験資格

公認会計士試験等多くの国家試験から受験資格がなくなりつつある中、税理士試験については学歴、資格職歴等により受験資格が設けられており、国税庁ＨＰに記載がある。

税理士試験の受験資格の主なものは次のとおり整理できる。

【学識による受験資格】

① 大学又は短大の卒業者で、法律学又は経済学を１科目以上履修した者
② 大学３年次以上で、法律学又は経済学を１科目以上含む62単位以上を取得した者
③ 一定の専修学校の専門課程を修了した者で、法律学又は経済学を１科目以上履修した者
④ 司法試験合格者
⑤ 公認会計士試験の短答式試験に合格した者（平成18年度以降の合格者に限られる。）

【資格による受験資格】

① 日商簿記検定1級合格者

② 全経簿記検定上級合格者（昭和58年度以降の合格者に限られる。）

【職歴による受験資格】

① 法人又は事業を行う個人の会計に関する事務に2年以上従事した者

② 銀行・信託会社・保険会社等において、資金の貸付・運用に関する事務に2年以上従事した者

③ 税理士・弁護士・公認会計士等の業務の補助事務に2年以上従事した者

(2) 税理士試験と税理士登録までの流れ

税理士資格は、次のいずれか一つに該当する者が、税理士となる資格がある。ただし、①又は②に該当する者については、租税又は会計に関する所定の事務に従事した期間が通算して2年以上あることが必要である（税理士法3条1項）。

① 税理士試験に合格した者

② 試験科目の全部について、左記の免除制度により税理士試験を免除された者

③　弁護士（弁護士となる資格を有する者を含む。）
④　公認会計士（公認会計士となる資格を有する者を含む。）

なお、10年又は15年以上税務署に勤務した国税従事者は、税法に属する科目が免除される（税理士法8条1項4、5号）。

23年以上税務署に勤務し、指定研修を修了した国税従事者は、会計学に属する科目が免除され、結果として23年以上税務署に勤務し指定研修を受けた国税従事者は無試験で税理士となる資格を有することになる（税理士法8条1項10号）。

前記税理士資格になるのに代表的な①、②について説明すると、国税庁が実施する年1回の税理士試験に合格し、租税又は会計に関する所定の事務に従事した期間が通算して2年以上経てから、税理士業務を行うためには、日本税理士会連合会に備えてある税理士名簿に登録を受けなければならない（税理士法18条）。

税理士名簿の登録を受けるためには、まず登録申請書等必要な書類を、税理士事務所を設けようとする所在地の区域の税理士会へ提出する必要がある。

実務経験の内容については、租税に関する事務又は会計に関する事務により政令で定めるものと規定されており、実務の期間は試験合格又は試験免除決定の前後を問われない。

「租税に関する事務」とは、税務官公署における事務のほか、その他の官公署及び会社等における税務に関する事務をいい、「会計に関する事務で政令に定めるもの」とは、貸借対照表勘定及び損益勘定を設けて経理する会計に関する事務をいい、特別の判断を要しない機械的事務を除く会計事務をいう。

実務経験に該当するか否かは、登録申請書及び在職証明書等が提出された後、税理士会の調査（面接等）の段階で個別に判断される

(3) 税理士試験の試験科目

試験科目は、会計学に属する科目（簿記論及び財務諸表論）の2科目（必修）と税法に属する科目（所得税法、法人税法、相続税法、消費税法又は酒税法、国税徴収法、住民税又は事業税、固定資産税）のうち受験者の選択する3科目（所得税法又は法人税法のいずれか1科目は必ず選択）である。

税理士試験は科目合格制をとっており、受験者は一度に5科目を受験する必要はなく、1科目ずつ受験してもよいことになっており、合格した科目は一生有効である。

(4) 税理士試験の実施回数

年1回論文式試験形式で行われる。

(5) 税理士試験の合格者数、合格率、合格基準、受験料

合格基準は各科目60点以上で、科目により差異があるが、例年受験者の10%~20%が合格している。

ちなみに令和元年は、受験者数29、779名、一部科目合格者4、639名、全科目合格到達者749名、一部科目合格者の受験者数に占める割合は18・1%である。

合格科目が会計学に属する科目2科目及び税法に属する科目3科目の合計5科目に達したとき合格者となる。

税理士試験には、次のとおり、学位による免除、国税従事者の免除等免除制度がある。

【学位による免除】

修士又は博士の学位を授与された者は、試験の一部が免除される（税理士法7条2、3項、税理士法8条1項1、2号）。

【国税従事者の免除】

10年又は15年以上税務署に勤務した国税従事者は、税法に属する科目が免除される（税理士法8条1項4、5号）。

23年以上税務署に勤務し、指定研修を修了した国税従事者は、会計学に属する科目が免除される

（税理士法8条1項10号）。

なお、令和元年12月時点の税理士試験の受験料は、1科目4，000円、2科目5，500円、3科目7，000円、4科目8，500円、5科目10，000円である。

(6) 税理士試験の難易度、必要な勉強時間

一般的に税理士試験の合格に必要な時間は2，000時間～3，000時間程度と言われ、勉強に専念している受験者で2年～4年、働きながら勉強している受験者では5年～10年かかる試験であり、永久に有効な科目合格制であり、働きながら勉強する受験生が多く、1科目又は2科目に専念して受験する社会人受験生が多いこともあり、1科目あたりの難易度は公認会計士試験より高く、公認会計士試験（旧公認会計士2次試験）より実務的な内容の試験となっている。

特に必修選択科目の法人税法、所得税法が難関であり、これらを合格できれば、税理士試験全科目合格に近づく。

合格後の実務を考えれば、簿記論、財務諸表論の必修科目以外は、法人税法、所得税法、相続税法、消費税法を選択することが望ましい。

なお、毎年税理士試験受験で全科目合格に達するものは600～800名前後であり、受験1回目で5科目全科目を合格するものは1年に1名もいないことが多い。

なお、平成30年度末時点で、税理士登録者78、028名のうち、試験合格者が44・87%、大学院修士組などの一部科目試験免除者が36・95%、公認会計士の登録者が9・8%となっている。

(7) 資格維持制度

税理士は、公認会計士のような資格維持に必要な研修制度はなく、令和元年12月時点で年間36時間の研修が努力義務となっているだけで強制はないため、36時間の研修時間を達成して申告している税理士はかなり稀である。

(8) 私の合格体験記

私は、公認会計士登録後に無試験で税理士登録しているが、公認会計士試験と並行して簿記論、財務諸表論は合格しているので、この2科目について簡単に自分が行った勉強方法を書いておく。

① 簿　記　論

私は、公認会計士2次試験の入門期の時間ある時に日商簿記検定1級合格後に、予備校が市販している過去問を解いていた。

税理士試験の簿記論の問題は、問題数が多く、公認会計士2次試験以上に実務的な問題が多く、全体的な難易度が高いので、4割程度正解すれば合格するような問題であったので、とりあえず全体を見渡し、解ける論点を優先的に回答していた。

② 財務諸表論

税理士試験の財務諸表論は、計算問題と理論問題からなり、理論問題は、公認会計士2次試験の財務諸表論と異なり、短文で典型論点が中心であり暗記でほぼ対応できる問題なので、基本的な論点を中心に学習した。

計算問題は、簿記論に近く、問題量が多い。簿記論+会社法計算書類の簡単な開示（注記）を書かせる問題が多いイメージであり、過去問を解くとともに簿記の練習問題を解く、簡単な開示を暗記することが重要である。

5 米国公認会計士（USCPA）の試験概要、資格登録、資格維持制度

(1) 米国公認会計士試験の受験資格

米国公認会計士試験は、州ごとに受験資格が異なる。

USCPA試験の受験資格は、「学位要件」と「単位要件」の2つに分類することができる。州ごとに各要件が異なり、また改正も頻繁にされるので、受験希望する州の受験資格を事前に確認してから勉強を開始し、受験することが必要である。

学位要件は、一般的に、4年制大学卒の学位である「学士号」を取得していることであり、短期大学卒の学位である「準学士号」で可とする州、大学在学中に出願可とする州もある。

単位要件は、大学（院）、短大等で、「会計単位」「ビジネス単位」を一定数以上取得していることである。

(2) 米国公認会計士試験と米国公認会計士登録までの流れ

米国公認会計士試験は、出願する州により受験資格が異なるため、会計・ビジネス単位の取得数を把握し、追加単位取得の必要があるかどうかなどを確認するために、出身あるいは在学中の大学（院）、短大等から「英文成績証明書」を取り寄せ後、米国以外の大学などで取得した「学位」と「単位」について、出願州が指定する学歴審査機関に英文成績証明書などの書類を郵送し、審査を受ける。その後、受験希望日までに出願及び受験費用の支払いを済ませる。なお、多くの州が願書の「公証（Notarize）」を要求しており、米国大使館・米国総領事館などで公証を受けることができる。

願書の送付から約1カ月～2カ月後に、受験票に相当する「Notice to Schedule（NTS）」が指定した手段（E-mail／郵送／FAX　州ごとに異なる。）により送付されてくる。

NTSには、テストセンターの予約に必要な「Exam Section ID」が記載されており、有効期限は、通常6カ月であり、有効期限内に申し込んだ科目を受験しなければならない。

受験科目、受験日時、受験地を決めて、プロメトリックセンターの公式サイト上で座席の予約をする。

米国公認会計士資格は州ごとの資格であるが、米国公認会計士資格試験自体は統一試験であり、米国公認会計士協会（AICPA）が試験を作成し採点する。

採点された試験結果は全米州政府会計委員会に渡り各州で登録されるため州により試験の難易度に

差はない。

米国公認会計士試験は、1月~3月、4月~6月、7月~9月、10月~12月の4つの期間に分けられて行われ、最初の2カ月間に受験できる。プロメトリックセンターの予約が空いていれば各科目で1回だけ受験可能であり、受験日時を自由に決められ、1科目から全科目（4科目）まで必要な数だけ自由に受験することが可能である。

1科目でも合格レベルの75点（満点は100点）以上で科目合格となり、それぞれ科目の有効期限18カ月以内に他の科目すべてを合格すれば、米国公認会計士試験に合格となる。有効期限18カ月を過ぎれば科目合格は無効となり、その科目だけ再受験が必要となる。

米国公認会計士試験合格後、米国公認会計士として業務を行うには、営業許可証であるライセンス登録を行うことになる。

ライセンス登録は、州により、実務要件が異なり、州によっては、米国公認会計士試験とは別に倫理試験（Ethics Exam）が求められる州が存在する。こういった条件を満たして申請が認められれば州の営業許可であるライセンスが交付される。

交付されたライセンスをいつまでも有効にするためには、定期的にCPE単位を取得することが必要である。

なお、2011年8月から日本での受験が可能になっている。ただし、日本での受験ができない出願州もある。

日本国内のプロメトリックセンターの休業日は、原則として、日本の祝日となり、通常、祝日以外の土曜日・日曜日は受験可能であるが、他の資格試験実施日等との兼ね合いによりＵＳＣＰＡ試験が実施されないことがあるので受験可能日について、プロメトリックセンターのホームページ（http://www.prometric.com/CPA/）で確認が必要である。

（日本での受験料）

日本国内のテストセンターで受験する場合、追加料金がかかり、全科目とも通常受験料＋日本受験追加料金＝１科目あたり＄３５６・５５となっている。

受験票（ＮＴＳ）の到着後に日本受験追加料金を支払うと、日本国内のプロメトリックセンターの座席の予約が可能になる。

（日本で受験可能な者）

日本受験可能者は以下に該当する者である。

なお、日本受験をされる場合も試験当日に身分証明書としてパスポートが必須である。

・日本国籍保有者
・日本の永住権保有者
・日本に長期滞在中の外国人（外国人登録証保有者）等

（日本受験の試験会場）

・御茶ノ水ソラシティテストセンター

〒101－0062　東京都千代田区神田駿河台4－6　御茶ノ水ソラシティ　アカデミア5F
TEL　03－3258－9151
最寄り駅：JR「御茶ノ水」駅　聖橋口から徒歩1分
東京メトロ千代田線「新御茶ノ水」駅　B2地上徒歩1分または地下出口直結
東京メトロ丸の内線「御茶ノ水」駅　出入口2から徒歩4分
駐車場：なし

・大阪会場（大阪中津試験会場）
〒531－0071　大阪府大阪市北区中津1－11－1　中津センタービル7F
TEL　06－6376－5811
地下鉄御堂筋線「中津」駅　2番出口徒歩1分

(3) 米国公認会計士試験の試験科目

米国公認会計士試験は各科目比較的多数の基本的な問題を解いてゆく形式（Multiple Choice問題、4択問題）と8問（ＢＥＣは4問）の詳細な設定問題に解答する形式（Task-Based Simulation問題）、または3問の記述で解答する形式（Written Communication問題、ＢＥＣのみ）で行われる。

試験科目、試験時間、出題範囲、配点割合は次の通りとなる。

① Financial Accounting & Reporting（企業財務会計及び公会計、ＦＡＲ）

一般事業企業・非営利団体・政府機関等に関わる会計知識及びその応用能力が試される。

試験時間は4時間で、左記試験範囲となる。

80％　Financial Accounting　企業会計（※ＩＦＲＳ国際財務報告基準を含む）
20％　Non-profit Accounting　政府と非営利組織会計

出題形式配点は次のとおりである。

66問　配点50％　Multiple Choice
8問　配点50％　Task Based Simulation

②　Business Environment & Concepts（ビジネス環境及び概念、BEC）

商取引環境に関わる知識及びその応用能力が試される。

試験時間は4時間で、左記試験範囲となる。

22％　Corporate Governance　コーポレート・ガバナンス

22％　Economics　経済学概論

20％　Information Systems　ＩＴ概論

36％　Financial Management/Operations Management　管理会計等

出題形式配点は次のとおりである。

Multiple Choice　62問　50％

Task Based Simulation　4問　35％

Written Communication　3問　15％

③ Regulation（法規、ＲＥＧ）

アメリカ連邦税法、職業倫理、会社法の知識及びその応用能力が試される。

試験時間は４時間で、左記試験範囲となる。

85％　Federal Taxation　連邦税法（内15％が税務業務における公認会計士の責任）

15％　Business Law/Business Structure　ビジネス法・米国組織法

出題形式配点は次のとおりである。

76問　配点50％　Multiple Choice

8問　配点50％　Task Based Simulation

④ Auditing & Attestation（監査及び保証業務、ＡＵＤ）

監査手続・ＧＡＡＳ・証明業務等に関わる知識及びその応用能力が試される。

試験時間は４時間で、左記試験範囲となる。

80％　Auditing & Attestation　監査と証明業務

20％　Professional Responsibility　会計士としての責任

72問　配点50％　Multiple Choice
8問　配点50％　Task Based Simulation

(4) 米国公認会計士試験の実施回数

米国公認会計士試験は、1月〜3月、4月〜6月、7月〜9月、10月〜12月の4つの期間に分けられて行われ、最初の2カ月間に受験できる。

プロメトリックセンターの予約が空いていれば各期に各科目で1回だけ受験可能であり、受験日時を自由に決められ、1科目から全科目（4科目）まで必要な数だけ自由に受験することが可能である。すなわち、各科目最大年4回受験可能であり、プロメトリックセンターの予約が空いていれば自由な時間に受験可能である。

(5) 米国公認会計士試験の合格者数、合格率、合格基準

米国公認会計士試験は、科目別合格であり、各科目100点中75点以上で合格し、日本の公認会計士試験や税理士試験のような競争試験ではなく、合格者数の縛りはなく、受験生の人数やレベルに影響を受けない。

米国公認会計士協会（ＡＩＣＰＡ）により公表された全米での科目別合格率によると、２０１８年はＦＡＲが46・22％、ＢＥＣが59・35％、ＲＥＧが53・16％、ＡＵＤが50・97％であり、２０１４年〜２０１８年はＢＥＣ以外の科目は概ね45％〜50％程度の中で合格率が推移している。ただし、ＢＥＣは55％〜60％程度の中で合格率が推移している。

(6) 米国公認会計士試験の難易度、必要な勉強時間

一般的に米国公認会計士試験の合格に必要な時間は８００時間〜1、０００時間程度と言われ、勉強に専念している受験者で3カ月〜1年、働きながら勉強している受験者では1年〜3年かかる試験である。

ただし、合格までに必要な勉強時間は、英語力と簿記等会計の学習開始時の能力により左右される。

私見では、英語力はリーディング力と若干のライティング能力のみ要求されるため、ＴＯＥＩＣでいうリーディングセクションの能力のみあれば足りるが、一般的に７００点台〜８００点台程度の英語力が合格までには必要である。簿記等会計の能力は日商簿記検定の1級〜2級の間のレベルが合格までには必要とされ、それなりに高い英語力と会計の能力が要求される試験である。決して専門学校が宣伝しているほど簡単な試験ではないのが現実であるため、試験を中途で断念する人も相当数に上る。

専門学校のＴＯＥＩＣ４００点、日商簿記検定2級から合格可能な簡単な試験であるとの宣伝を鵜呑みにして勉強すると間違いなく痛い目に合うので注意が必要である。

18カ月間有効な科目合格制であり、働きながら勉強する受験生が多く、1科目又は2科目に専念して受験する社会人受験生が多い。

米国では、監査法人入所後に働きながら勉強する人が多いため、Auditing & Attestationは日本の公認会計士試験より実務的な内容の試験となっている。

各科目の合格率は45%〜50%超と高めであるが、受験者は米国の会計大学院生や監査法人勤務者が多く、日本の公認会計士試験や税理士試験等国家試験と比較して相対的にレベルが高い人の集まりであり、米国人は英語がネイティブだが我々日本人はいくら英語が出来るといってもかなりハンディキャップはあるため甘く見るのは禁物である。私見では、日本の受験生は、8割から9割の人は勤務しながら勉強し、最終的に3人〜4人に1人が全科目合格まで辿りつくイメージである。

(7) 資格維持制度

ライセンス登録をした州により、ＣＰＥ（継続的専門教育）の必要単位やＣＰＥ単位取得に該当する研修になるか等の規制は異なるが、参考程度に、私のライセンス登録州であるワシントン州について記載する。ワシントン州は3年間で１２０単位（毎年最低20単位が必要）であり、その中にＥＴＨ

ICS（職業倫理）4単位を必ず取得する必要がある。

CPE取得単位は各自でWORK　SHEETに内容及び取得単位数等記載のうえ、単位証明書を添え自己管理し、任意にサンプル抽出されるライセンス監査にあたった場合のみワシントン州公認会計士協会に証明書を提出し、審査を受ける。ただし、ETHICS4単位は、ライセンス更新時において、取得した講座名等の詳細を入力し、チェックを受けるため留意が必要である。

審査で必要単位取得してない場合はライセンス失効等処分を受ける。

なお、ワシントン州はCPE取得要件が2020年から改正され、2020年以降毎年最低20単位が必要になる。

(8) 私の合格体験記

米国公認会計士（USCPA）試験の合格体験記を記載する。

私の場合、既に公認会計士（旧2次試験、旧3次試験合格）になり、実務で7年程度経験後試験勉強しているのでそれを考慮のうえ読んでほしい。

また試験制度は2011年から変更されているので、留意してほしい。私の受験開始時の英語能力はTOEICでリーディング350点、リスニング300点の計約650点程度であった。

① 全体的なUSCPAの難易度

受験者の簿記を含めた会計の能力、英語能力、実務経験に左右されるが、旧公認会計士2次試験の短答式試験より難しく、論文式試験より易しいイメージである。FAR、BECの管理会計は簿記でいう日商簿記検定1級と2級の間だが、AUDは日本の公認会計士試験の2次試験、3次試験より実務的で難しかった。

試験問題のほとんどはマルチ（選択式）のため、電話帳みたいな過去問に似た問題集であるWILLY、GLEIM、BECKER等を2回転程度できるやる気と英語能力があれば確実に合格できる試験である。

最終合格時の英語能力は多くの人がTOEICでいう700点台～900点台へと100点近くはUPしている人が多いと思われる。

② FAR（財務会計）

財務会計8割で、公会計2割以上出題されていた。

最近は米国会計基準（USGAAP）といっても9割程度は日本基準（JGAAP）と変わらないので日商簿記1級以上の力があるなら、USGAAP特有の論点さえ押さえれば、あとは問題集を解くだけで十分である。

公会計は特殊で予算会計を用いているため、特別に勉強が必要だが、計算よりも基本的な用語等の暗記が中心である。

計算問題中心のため、日本人には簿記、計算が出来れば比較的容易である。

当時の試験は、7割がマルチで3割がSIMULATIONであり、SIMULATIONは論述、検索問題、応用計算問題が出題されていたが、特別な対策は不要でマルチ対策をしておけば大丈夫であった。

③ BEC（企業経営環境・経営概念）

概ね経済学1割、財務管理2割、ビジネスストラクチャ（会社法）2割、IT2・5割、経営管理会計2・5割が出題されていた。

経済学は旧公認会計士試験の2次試験や他の資格試験の受験者や経済学部の方にとっては平易で、文章問題と計算問題からなっていた。

財務管理は日本の経営学の財務論と同じで計算問題中心で特に日本と異なることはない。

ビジネスストラクチャ（会社法）は日本の会社法と似ているが、異なる形態の会社が米国では複数ある等、若干異なるため日本の会社法との差異を中心に勉強することになる。

管理会計は日商簿記検定1級と2級の間で特に差異はない。

ITが曲者で私は捨てていたが、基本的な問題が中心であるので、基本的な用語を中心に押さえることが必要である。

④ REG（諸法規）

出題範囲は、概ね連邦税法6割、ビジネス法（会社法以外の法律）22・5％、職業倫理17・5％であった。

マルチ7割、SIM3割であった。

SIMは連邦税法から申告書作成、論述、多肢選択式、検索問題等であった。

この科目は日本の税法、法律と似ている部分もあるが米国特有の制度があるため、ほぼゼロに近い状態からの勉強となる。

税法は基本的な用語、計算式、数値の暗記が必要である。法律及び職業倫理は地道な暗記と文章が多いため英語能力を鍛えることが重要である。

⑤ AUD（監査及び諸手続）

日本の公認会計士試験の監査と異なり実務的で、監査手続、アサーション等がよく問われる。

また日本の公認会計士試験ではほぼ範囲外の保証業務、政府会計の監査基準等が問われる。

したがって、日本の監査実務経験者は保証業務、政府関係を中心に押さえることになるが、監査実務経験がない者は暗記と問題集の反復が必要となる。

この科目はREGの一部である法律科目と同様に、計算が少なく、文章が多いため英語能力を鍛えることが重要である。

ＳＩＭは論述、多肢選択式、検索問題である。

以上、日本人にとり英語能力や実務経験、米国固有の制度が問われるＲＥＧ、ＡＵＤが相対的に難関である。

6 米国税理士（ＥＡ）の試験概要、資格登録、資格維持制度

(1) 米国税理士試験の受験資格

学歴や国籍等の制限はなく、18歳以上であれば受験できる。

(2) 米国税理士試験と米国税理士登録までの流れ

米国税理士試験に受験する前にまず、米国歳入庁（ＩＲＳ）から付与されるＰＴＩＮ（Prepare Tax Identification Number：申告書作成者番号）を取得する必要がある。

ＰＴＩＮ取得後プロメトリックセンターのサイトで受験予約し、受験料を支払う。

全部で3科目あり、どの科目も$１８４·９７である。

なお、米国税理士試験は、１科目から受験可能である。

米国税理士試験3科目全科目合格後すぐにhttps://www.pay.gov/paygov/にアクセスし、FORM23をWEB上で作成し、カード決済で登録するか、紙で送り、マネーオーダーでの決済でも登録可能である。

登録料は、$30・00である。

なお、米国税理士登録にあたり、実務経験は不要である。

(3) 米国税理士試験の試験科目

米国税理士試験（IRS Special Enrollment Examination）の試験科目はPart 1：Individuals（連邦個人所得税法及び連邦贈与税法・相続税法）、Part 2：Businesses（法人関連税法）、Part 3：Representation, Practices and Procedures（税務代理業務及び諸手続き）の3科目からなり、科目合格制で科目合格は合格日から2年間有効であり、どの科目からでも受験可能である。

試験方式は、すべての科目は、すべて英語で行われ、コンピュータ試験、四肢択一形式（Multiple Choice）であり、問題数100問、各科目3・5時間で行われる。

(4) 米国税理士試験の実施回数

米国税理士試験の受験可能期間は毎年5月1日から翌年2月28日まで（この期間を1つのテストウィンドウとしている）であり、3月と4月は受験できない。

各科目とも上記受験期間内に年4回まで受験可能である。

(5) 米国税理士試験の合格者数、合格率、合格基準

米国税理士試験の試験結果は、受験終了時に試験結果がわかる。

採点は科目ごとに行われ、得点は40から130ポイントのスケールドスコア（得点した点数に対して問題の難易度等を考慮し補正をした点数）に換算され、合格ラインは各科目105ポイント以上である。

各科目の合格率は、2017年〜2018年度でPart 1　60％程度、Part 2　60％〜70％程度、Part 3　80％〜90％程度である。

米国税理士試験は、米国公認会計士試験同様に日本の公認会計士試験や税理士試験のような競争試験ではなく、合格者数の縛りはなく、受験生の人数やレベルに影響を受けない。

(6) 米国税理士試験の難易度、必要な勉強時間

米国税理士試験の合格までに必要な時間は、250時間程度とされ、日本の公認会計士試験、税理士試験、米国公認会計士試験より相当程度短い時間で合格可能である。

米国公認会計士試験のRegulation（諸法規）の一部である連邦税法をより深く問われる試験に過ぎない。米国税理士試験は、Part 3　中心に数字や年数等細かい知識が必要で、米国公認会計士試験の連邦法税より暗記が要求される問題が多く、米国公認会計士試験の連邦税法より範囲が広くより細かい知識が要求される試験である。日本の公認会計士試験の租税法と税理士試験の税法の試験範囲やレベルの相違に似ている。

米国税理士試験は前記の通り日本の公認会計士試験、税理士試験、米国公認会計士試験より相当程度短い時間で合格可能であるが、英語力と米国税法の知識が必要である。英語力は、TOEICでいうリーディングセクションの能力のみあれば足りるが、一般的に700点台～800点台程度の英語力が合格までには必要であり、米国税法の知識は米国公認会計士試験の米国税法の知識レベル以上が要求されるため、一定以上の勉強が必要である。

(7) 資格維持制度

資格取得後は、PTINの更新が必要であり、毎年$63·00必要である。

また、資格登録後、継続専門教育（CPE）の取得が必要であり、3年で72単位、毎年少なくとも16単位（Ethics 2単位を含む）以上の取得が必要である。

米国税理士の登録の更新も3年ごとに必要であり、その都度$30·00が必要である。

(8) 私の合格体験記

米国税理士試験の私の合格体験記を参考までに記載する。

Part 1, 2, 3を同時に学習した。Part 1, 2は1回で、Part 3は2回目で合格した。

TACの通信講座で受講しTACの講義、GLEIMの問題を厳選した補助レジュメ、附属のGLEIMの問題集を回した。

どのパートも分厚い電話帳のようなGLEIMを解かなくてもTACの補助レジュメのみで合格可能となっている。

英語ができ、米国税務の知識が実務やUSCPA試験を通して一定のレベルがあれば英語のみの問題集&参考書であるGLEIMを回転させれば、独学合格も可能である。

私は、既に独立開業している個人事務所で米国税務実務をしており、より深く学習するため、経歴強化による差別化のため勉強した。

主にTACの補助レジュメの問題を回して初回受験するが、Part3　のみ1回落ち、残り1科目となったため、GLEIMの問題集を3回程度回して合格した。

7 年齢に応じたお薦め会計資格と資格のステップアップ方法

参考までに、私が考える年齢に応じたお薦め会計資格と資格のステップアップ方法を記載する。

(1) 商業高校生（16歳～18歳）のお薦め会計資格と資格ステップアップ方法

この世代は恐らく簿記を高校で学び日商簿記検定、全経簿記検定、全商簿記検定の階級をあげつつステップアップを図ろうとする人が多いと思われる。

簿記検定を受ける過程で自分が簿記に合う性格か見極め、合うならば、公認会計士試験又は税理士試験を目指し専門学校へ入学若しくは日商簿記検定1級合格者を優遇して合格させてくれる推薦で会計学科のある大学へ進学するとよいと思われる。

高校生や専門学校生、大学生である限りは社会人と比較し時間的な余裕があるので、高校時代に日商簿記1級レベルを取得できた者は税理士試験よりも公認会計士試験をお薦めする。

理由は公認会計士のほうが税理士よりも監査業務を含め幅広い仕事ができ、税理士登録することで税務業務もできることにある。一般的に税理士よりも大規模のクライアントを相手にする場合が多く、仕事の幅が広く、仕事のスケールが大きいため、それゆえ公認会計士の給与は税理士よりも相対的に高いからある。

なお、現在の公認会計士試験では、受験資格の年齢、学歴制限が撤廃され、特に定められていないので、年齢や学歴にかかわらず誰でも受験することができることから、有名大学に進学して一流企業に就職するよりも早く手に職をつけ、稼ぎたい方は中学生や高校生から公認会計士を目指すのもよい。

(2) 大学生(18歳~22歳)のお薦め会計資格と資格ステップアップ方法

この世代は恐らく大学1年~3年の間に、周りが資格試験を目指し始め、手に職をつけたい、一生仕事をしたいという理由で資格を目指す方が多いものと思われる。

この世代もやはり若く勉強時間を確保できるため、業務の広さからも税理士よりも公認会計士を薦める。

USCPA試験よりも日本の公認会計士試験を薦める。

前記理由としてＵＳＣＰＡは日本国内では日本の公認会計士、税理士より評価が低く、簿記を含め会計を日本の資格に比し深く学習しないので日本の公認会計士試験のほうが職業専門家として働くための素養ができやすいからである。

この年代は簿記検定から始めるよりも最初から公認会計士講座を履修し、入門期の比較的余裕ある段階で日商簿記の2級、1級、税理士の簿記論、財務諸表論を公認会計士試験の勉強の傍ら、テキスト問題集を別途購入し、公認会計士試験の範囲と重複しない箇所を重点的に勉強して取得し、自信をつけながら短答式試験、論文式試験を目指すのがよい。

最終的に21歳から23歳くらいまでに合格できれば、公認会計士業界が就職難の時に合格したとしても、23歳くらいまでの若手はよほど面接で問題ない限り就職できるので特に問題ないと思われる。

もし大学3年等早い時期に公認会計士試験合格すれば、その勢いと知識でＵＳＣＰＡを目指すとよい。

その理由は、最近、日本の公認会計士試験合格者が激増しており、公認会計士の市場価値が極端に落ちていること、現在日本と米国の両方の公認会計士資格を保有している人はあまり多くはないこと、ＩＦＲＳはＵＳＧＡＡＰに似ており、現在コンバージェンスの過程にあり差異が少ないこと、ＩＦＲＳへの統合過程により日本の公認会計士も英語能力の向上がより求められること、上記を含め国際的な業務は拡大傾向だがそれに対応できる公認会計士は不足していること、２０１１年から日本で受験可能になっていること等から早めに在学中に両方取得しているとよい。

就職すると勉強時間は限られ、繁忙期は勉強時間を確保するのは難しく、人付き合いもあるので、余裕ある学生の時にＵＳＣＰＡ取得、英語能力をつけ、ＣＩＳＡやシステム監査技術者の資格を取得するのもよい。

ただし、どの資格も実務能力を伴わないと意味がないのは説明するまでもないので、資格取得後は、その資格を利用した実務経験を十分に積むことが必要である。

(3) 社会人（23歳以上）のお薦め会計資格と資格ステップアップ方法

この世代は恐らく一般企業等で仕事していく過程で資格の必要性や魅力を感じて、勉強を始めた方が多いと思われる。

この世代のお薦め資格は(1)、(2)の方と異なり勉強時間がないこと、既に年をとっていることが問題となるので、公認会計士試験挑戦は現状ではあまりお薦め出来ない。

前記の理由は、公認会計士の労働市場が買手市場になると、首都圏の大手監査法人では23～25歳くらいまでが採用の限界レベルで26歳以上だと採用の可能性が低いこと、監査法人で採用されないと業務補助等の要件を満たすことが難しく公認会計士となることが難しいこと、公認会計士試験合格から補修所の修了考査を終了し公認会計士となるまで通常３年半以上要しそれまで単なる公認会計士試験合格者で独占業務なく独立もできないこと、税理士試験は科目合格が一生有効の一方、公認会計士試験は科目合格制であり、合格者激増で易しくなったといえ科目別合格や短答合格有効期限が2年と有限であるため勉強時間を多く確保しないと難しいことから税理士試験をお薦めする。

また、USCPA試験よりも税理士試験をお薦めする。

前記理由は、USCPA試験も18カ月有効の科目別合格制であり、年間で各科目四半期単位で年4回まで受験できるため社会人にお薦めの資格ではあるが、USCPAは国内での独占業務、監査権限をもたず、日本において税理士よりも評価が低い資格だからである。

また、USCPA試験は難関とはいえ、日本の公認会計士試験、税理士試験合格後に働きながらでも十分合格可能な試験であり、日本の公認会計士試験、税理士試験で得た会計知識はかなりUSCPA試験で有利に働く。会計や税務の英文を読むのも推測がしやすくなるからである。

ただ税理士やUSCPA試験を目指すかどうか迷っている人やここまでの難関資格を受けるほど意欲がない者はまず日商簿記検定の2級か3級から受験し、2級か1級を取得後これらの試験勉強を開始するのもお薦めである。

一般事業会社の経理部において実務経験あるのが前提であるが、日商簿記検定1級は、2級よりもはるかに難しく十分評価に値する難易度だからである。

第3章 公認会計士・税理士・米国公認会計士（USCPA）・米国税理士（EA）の就職及び転職

1 公認会計士の就職及び転職

公認会計士の就職先及び転職先として、監査法人、税理士法人、ファイナンシャルアドバイザリー又はトランザクションアドバイザリー会社、コンサルティング会社、事業会社、個人の公認会計士事務所又は税理士事務所等が考えられる。

それぞれ順に説明する。

(1) 4大監査法人への就職及び転職

就職難の年を除き、公認会計士試験合格者の大多数が、大手監査法人に就職する。

公認会計士試験合格者の大多数が、大手監査法人に就職する理由は、主として、公認会計士になるための修了考査の実務要件を満たすためであり、また多くの周りの公認会計士試験合格者が大手監査法人に就職することも理由であろう。

大手監査法人への就職は、売手市場の年では、年齢が30歳を超える人や、普通にコミュニケーションが取れない人以外は面接にいけばすぐ内定が出る。

しかし、買手市場の年になると、年齢が25歳以下、英語力や受験回数、公認会計士試験の順位、学歴、コミュニケーション能力等で判断され、一般事業会社の面接に近いものになり、内定をとるのは難しくなる。

公認会計士試験合格者の就職及び転職市場は、日本の景気、監査法人業界の景気、公認会計士試験の合格者数等に左右され、3年前後くらいで売手市場、買手市場が逆転し、先が読みにくいものとなっている。

4大監査法人とは、EY新日本有限責任監査法人、有限責任監査法人トーマツ、有限責任あずさ監査法人、PwCあらた有限責任監査法人のことをいい、それぞれ、アーンスト・アンド・ヤング（E&Y）、デロイト　トウシュ　トーマツ（DTT）、KPMG、プライスウォーターハウスクーパース（PwC）という世界の4大会計事務所のメンバーファームである。

大手監査法人への転職に関しても、就職と同様に、日本の景気、監査法人業界の景気、公認会計士試験の合格者数等に左右される。大手監査法人間の転職では、転職前のポジションのまま転職できる場合が多いが、中小監査法人から大手監査法人への転職は景気等に左右され、転職前のポジションから下がる場合も多い。

中小監査法人から大手監査法人への転職は、監査法人業界が売手市場の時において、買手市場の時に公認会計士試験に合格し、大手監査法人に就職希望していたがやむを得ず中小監査法人に就職した者中心に転職する傾向にある。

監査法人以外からの大手監査法人への転職では、通常、スタッフ1年目扱いからになる場合が通常であり、前職から給与が下がることが多いものと思われる。

大手監査法人に就職又は転職するメリットは、公認会計士試験合格者の多くが大手監査法人に就職することもあり、優秀な人材が集まる、世界のＢＩＧ４会計事務所の監査ツールを利用するので世界で最先端の監査技術を習得できる、会計を含め最新で正確な情報を即時に入手できる環境にある、中小監査法人等より倒産リスクも低く収入も安定的である等が挙げられる。

デメリットは、監査ツールに過度に依存した形式的な監査に時間を取られ、実質的な監査技術が身につかない、中小監査法人等より人数が多く、仕事がまわってくるのが相対的に遅い、独立性の問題が中小監査法人等より厳しく、会計監査以外の業務に触れる機会が少なくなっており、会計監査以外の業務ができない公認会計士になってしまう等が挙げられる。

個人的な4大監査法人の印象は、ＰｗＣあらた有限責任監査法人、有限責任監査法人トーマツがＥＹ新日本有限責任監査法人、有限責任あずさ監査法人に比較して外資的な環境で、監査ツール等ＩＴ環境も進んでおり、実力主義な風土のイメージである。特にＰｗＣあらた有限責任監査法人はＰｗＣのイメージが強く外資のイメージに近く、対してＥＹ新日本有限責任監査法人、有限責任あずさ監査法人は日本的な風土の監査法人であり、横並び主義で、監査ツール等ＩＴ環境も遅れているイメージが強い。

ただし、どこの監査法人も新公認会計士試験による合格者大幅増加により、公認会計士が以前より急激に増加したため、以前より出世競争等が激しくなっており、どの監査法人も以前より昇進はしにくくなり、かつ同期との昇進等の差もつくようになっており厳しくなっている。

監査法人の就職及び転職にあたり上記４大監査法人の特徴も考慮したうえで、自分の性格や特徴に合う監査法人を選択するとよい。

なお、私は大手監査法人の東京事務所と地方事務所を経験したが、参考までに東京事務所と地方事務所の特徴は、それぞれ次のとおりである。

東京事務所は、

① 人数が多いので事務勤（監査クライアントに往査しない時）は管理していない法人が多く、いかなくてもわからない。
② 時間はルーズで融通が利き、昼食の時間や休憩時間もばらばらでラフである。
③ 服装や髪形も地方よりラフで自由である。
④ 地方事務所よりは、人間関係が緩いので拘束力はなく、そういう意味では楽である。
⑤ 規模の大きいクライアントを担当したい、国際的な仕事や、金融関係の仕事をしたいなら東京

事務所の方がチャンスは多い。

対して、地方事務所は、

① 人数が少ないので事務勤でも普通に出勤する必要がある。

② 遅刻も厳しく、昼食の時間や休憩時間も東京事務所よりは厳守している。

③ 服装や髪形も東京よりはラフにしにくい。

④ 人数が少ない地方事務所の場合は特定の力ある人に気に入られないと、以後の出世を含め厳しい立場になりやすい。ただアットホームで付き合いが濃いので、そのほうがよいなら事務所に合えば居心地はいい。

⑤ 東京事務所のように部署が分かれていないので業務範囲は東京事務所より広い。

参考までに、4大監査法人の決算書の比較分析を記載するので就職及び転職の比較に参考になれば幸いである。

4大監査法人は全て有限責任監査法人であるため、決算書が監査法人の監査を受けており、ウェブ上で公開されている。

2019年決算期比較

（単位：百万円）

決算期	2019年6月	2019年6月	2019年5月	2019年6月
法人名	新日本	あずさ	トーマツ	あらた
総資産	53,981	69,226	64,564	35,674
業務収入	99,296	100,493	108,718	48,735
経常利益	932	1,950	780	3,472
税引後当期純利益	289	772	2,733	3,190
自己資本比率	30.4%	40.5%	42.3%	42.4%
営業利益率	0.4%	1.8%	0.2%	5.9%
被監査会社数	3,821	3,614	3,306	1,203
被監査会社あたり監査証明業務収入	22.1	21.7	23.5	20.4
非監査証明対象会社数	2,463	2,143	3,123	1,314
対象会社あたり非監査証明業務収入	6.0	10.4	10.0	18.4
人員合計	5,492	6,218	6,848	3,251

上記によると、2019年では、業務収入及び人員は有限責任監査法人トーマツが1位、総資産は有限責任あずさ監査法人が1位、被監査会社数はEY新日本有限責任監査法人が1位、経常利益、税引後当期純利益、自己資本比率及び営業利益率はPwCあらた有限責任監査法人が1位であることがわかる。

ただし、被監査会社あたり監査証明業務収入は、4大とも20・4百万円から23・5百万円の間で大差はない。

参考までに2019年のIPOを担当した監査法人ランキングは下記のとおりであり、EY新日本有限責任監査法人、有限責任監査法人トーマツ、有限責任あずさ監査法人が20社前後で3大法人のシェアが72％程度を占めている。

2019年ＩＰＯ件数監査法人ランキング

1位	ＥＹ新日本有限責任監査法人	22
2位	有限責任監査法人トーマツ	21
3位	有限責任あずさ監査法人	19
4位	太陽有限責任監査法人	8
5位	ＰｗＣあらた有限責任監査法人	5
6位	三優監査法人	4
7位	監査法人Ａ＆Ａパートナーズ	2
7位	仰星監査法人	2
9位	海南監査法人	1
9位	有限責任大有監査法人	1
9位	ＰｗＣ京都監査法人	1
	合計	86

(2) 中小監査法人への就職及び転職

4大監査法人以外にも日本には多数の監査法人があり、中堅監査法人として代表的な監査法人は次のとおりである。

太陽有限責任監査法人（提携先 Grant Thornton International）
東陽監査法人（提携先ＢＤＯ Crowe Global）
三優監査法人（提携先ＢＤＯ International）
仰星監査法人（提携先ＮＥＸＩＡ）
ＰｗＣ京都監査法人（提携先 PricewaterhouseCoopers）
アーク有限責任監査法人（提携先 Kreston International）
ひびき監査法人（提携先ＰＫＦ International）
なお、参考までに業務収入11位までの２０１９年決算期の決算情報は左記のとおりである。

順位	監査法人名	決算期	業務収入合計（百万円）	監査収入（百万円）	非監査収入（百万円）	監査数	平均監査報酬（百万円）	上場監査数	非監査数	公認会計士数	公認会計士1人当たり業務収入（百万円）
1位	トーマツ	5月	108,718	77,601	31,116	3,306	23.5	860	3,123	3,178	34.2
2位	あずさ	6月	100,493	78,285	22,208	3,614	21.7	726	2,143	3,216	31.2
3位	新日本	6月	99,296	84,575	14,721	3,821	22.1	882	2,463	3,040	32.7
4位	あらた	6月	48,735	24,533	24,202	1,203	20.4	134	1,314	1,018	47.9
5位	太陽	6月	11,043	10,197	845	922	11.1	221	391	382	28.9
6位	京都	6月	4,932	4,307	625	251	17.2	45	152	119	41.4
7位	東陽	6月	4,557	4,384	172	341	12.9	84	90	335	13.6
8位	仰星	6月	3,258	2,975	283	245	12.1	76	137	148	22.0
9位	三優	6月	3,182	2,890	291	207	14.0	66	109	106	30.0
10位	アーク	6月	1,491	1,446	44	90	16.1	37	不明	68	21.9
11位	ひびき	6月	1,337	1,274	62	137	9.3	32	29	167	8.0

これらの監査法人に公認会計士試験合格後最初に入社する者は、就職難の年を除き極めて稀であり、最初から中小監査法人を志望していた者を除き、合格時の年齢が高いため大手監査法人への入社が出来なかった者、コミュニケーション能力が低い者等が多いと思われる。

これらの監査法人へ入社する者の多くは、就職難の年の公認会計士試験合格者及び大手監査法人退職後に即時に転職する、又は大手監査法人退職後に税理士法人、コンサルティング会社、一般事業会社、ファイナンシャルアドバイザリー又はトランザクションアドバイザリー会社を経てから中小監査法人に転職する者等が多いものと思われる。

中小監査法人に就職及び転職するメリットは、監査法人によりけりであるが、大手監査法人よりは、相対的に独立性にうるさくなく、監査以外の業務であるIPO、デューディリジェンス、会計コンサルティング等幅広い業務に監査と並行して携われる機会が多い、大手監査法人より小規模であるため、仕事がまわってくるのが相対的に早い、評価されれば昇進が早い等が挙げられる。

中小監査法人に就職及び転職するデメリットは、大手監査法人ほど安定しておらず、収入も比較的低報酬であることが挙げられる。中堅監査法人も海外のグローバルファームと提携しているところが多いが大手監査法人に比較して結び付きが弱く、監査ツールやマニュアルも完全に海外のグローバルファームの手法を導入しているとはいえない監査法人がほとんどであり、最新の会計、監査情報も適時に得ることができる法人は少ない。また、人員が少ないため、優秀な人材の数も大手より少なく、刺激になる人材が少ない可能性が高い。

ただし、大手よりも営業を積極的に展開し、クライアントを獲得しなければならない事情から営業するということを早いうちに意識することができる。中小監査法人は個人事務所等と兼業可能な法人も多いため、独立のための人脈作り等含め独立のための前準備としては中小監査法人へ就職及び転職する方が、大手監査法人への就職及び転職よりもメリットが多い。

(3) 4大税理士法人への就職及び転職

公認会計士又は公認会計士試験合格者の4大税理士法人への就職及び転職であるが、公認会計士試験合格段階では税理士登録できないこともあり、PwC税理士法人のみ採用を行っており、その他の4大税理士法人は、公認会計士登録後に転職により、入社することとなる。

4大税理士法人は、4大監査法人と同じ世界のグローバル会計事務所のメンバーファームで次の法人からなる。

KPMG税理士法人
PwC税理士法人
EY税理士法人
税理士法人トーマツ

公認会計士から4大税理士法人に入社する大多数は、大手監査法人から公認会計士登録後に転職する場合が多いと思われるが、この場合、税務経験がないため、監査法人時代の職位からは落とされるケースが多い。

個人的な印象、情報では、PwC税理士法人、税理士法人トーマツは積極的に公認会計士を採用しているが、KPMG税理士法人、EY税理士法人では、グループ内異動を除き、あまり公認会計士を採用していない。

公認会計士で税理士法人の就職及び転職を考えている者の多くは、将来的な独立を視野に入れている場合が多いと思われるが、独立にはそれほど向かないものと思われる。

4大税理士法人では、クライアントは大手企業が相対的に多く、業務内容も連結納税、組織再編税制、移転価格やタックスヘイブン税制等、税務の難易度も高い。独立後の個人事務所では仕事の受注が難しい案件に携わることが多い。

独立を考えるなら、中小の税理士法人や個人会計事務所を経験する方がむしろ望ましく、4大税理士法人は、4大監査法人同様、相対的に安定して高い収入を望んでいる者に向いていると思われる。

(4) 中小税理士法人への就職及び転職

4大税理士法人に次ぐ代表的な税理士法人は参考までに次のとおりである。

ＢＤＯ税理士法人（ＢＤＯ International）
辻・本郷税理士法人
税理士法人　山田&パートナーズ（提携先 Grant Thornton International）
太陽グラントソントン税理士法人（提携先 Grant Thornton International）

他にも上記と同様な規模の税理士法人は多数あり、中堅企業、上場企業、金融機関等をターゲットとして税務業務を行っている法人や、税理士法人レガシィのように相続税に特化するなど４大税理士法人と差別化を図っている法人も多い。

これらの中堅税理士法人や中小税理士法人へは、公認会計士試験合格後に即時に就職する者は少なく、公認会計士登録してから転職するものが多いと思われる。中小税理士法人は、大手税理士法人より顧客層を絞っている法人や相続税、ＳＰＣ等含め特異な税務を得意としている法人も多く、個人の関心に応じて、転職先を探すのが望ましい。

(5) ファイナンシャルアドバイザリー又はトランザクションアドバイザリー会社への就職及び転職

ファイナンシャルアドバイザリー又はトランザクションアドバイザリー会社は、主にM&A・事業再編・事業再生等の財務デューディリジェンス、バリュエーション、リストラクチャリング、フォレンジング等を行っている会社で、4大監査法人のグループは、すべてファイナンシャルアドバイザリー又はトランザクションアドバイザリー会社を保有している。

4大ファイナンシャルアドバイザリー又はトランザクションアドバイザリー会社は次のとおりである。

PwC　アドバイザリー合同会社
株式会社　KPMG　FAS
デロイト　トーマツ　ファイナンシャルアドバイザリー合同会社
EYトランザクション・アドバイザリー・サービス株式会社

公認会計士又は公認会計士試験合格者の4大ファイナンシャルアドバイザリー又はトランザクショ

ンアドバイザリー会社への就職及び転職であるが、４大ファイナンシャルアドバイザリー又はトランザクションアドバイザリー会社では、ＰｗＣアドバイザリー合同会社のみ採用を行っており、その他の４大ファイナンシャルアドバイザリー又はトランザクションアドバイザリー会社は、公認会計士登録後に転職により、入社することとなる。

これは、財務デューディリジェンス、バリュエーション、リストラクチャリング、フォレンジング等は一定の監査スキルをベースに行うため、公認会計士試験合格者だと戦力にならず、公認会計士登録後に監査法人からの転職が一般的である。

財務デューディリジェンス、バリュエーション、リストラクチャリング、フォレンジング等は仕事が激務で短期のプロジェクトが多く、報告書作成期限が近付くと、長時間の労働が課されるため、監査に比べてより体力が必要である。

ファイナンシャルアドバイザリー又はトランザクションアドバイザリー会社で働くメリットは、Ｍ＆Ａを成功させるとやりがいを得られる、短期間で財務リスクを見抜くセンスが身に着く、労働時間を度外視すれば、監査法人や税理士法人より高収入な会社が多い等が挙げられる。

ただし、監査よりハードな仕事であるため、短期間で退職する人が多く、また、個人で独立する場合も、これらＢＩＧ４系ファームで扱うような大きなＭ＆Ａや事業再生プロジェクトを受注できるケースはほとんどないため、個人の独立のステップにもあまり向かない。

また、財務デューディリジェンス、バリュエーション、リストラクチャリング、フォレンジング等は監査法人ほど深い会計の知識は必要とされないため、会計知識、特に新会計基準の知識がどんどん落ちてしまうため自分で業務外にフォロー、勉強していかないと、再度会計知識をそれなりに使用する職場に転職すると大変になる。

なお、ＢＩＧ４系ファーム以外で規模の大きいファイナンシャルアドバイザリー又はトランザクションアドバイザリー会社は上場会社であるＧＣＡサヴィアン株式会社くらいだろう。

(6) コンサルティング会社への就職及び転職

コンサルティング会社への就職及び転職であるが、監査法人以外の就職及び転職と同様に、コンサルティングを行うには、一定の実務経験がないと、戦力にならないため、やはり公認会計士登録後の転職で入社するケースが多いと思われる。

コンサルティング会社と言っても、会計系、戦略系、ＩＴ系等に分かれ、会計系コンサルティング会社でも中心は、ＩＴ系のコンサルティング業務を主として、会計は一部の業務として行っている会社が多い。

会計系のコンサルティングというと、ＩＦＲＳ、ＵＳＧＡＡＰ、Ｊ－ＳＯＸ、ＵＳ－ＳＯＸ、ＩＰＯ、Ｍ＆Ａ、決算早期化、開示等の作成者側、経営者側を支援するサービスが中心であるが、意外に会計中心のコンサルティング会社は多くない。

そのため、会計コンサルティングを行いたいなら、監査法人のアドバイザリー事業部に異動又は転職し、これらのアドバイザリーを行う。もしくは、ＢＩＧ４系から派生した会計系のコンサルティング会社でこれら会計系のコンサルティングを中心に行っている部署に配属してもらい行う。又は、独立系である株式会社ＡＧＳコンサルティング等の会計コンサルティングに特化した会社に転職することになる。

会計コンサルティング会社は、作成された決算書の適正性をチェックする監査法人とは反対側の立場で仕事し、経営者サイドに立って仕事するため、やりがいはあるが、監査法人より相対的にハードな仕事の一方、監査法人と給与水準はやや上かほとんど変わらない。プロジェクトベースの仕事が多いため、監査法人以上に景気に左右されやすく、景気が悪くなりプロジェクトがなくなると、リストラや年棒削減のリスクもあり安定性も低い。

また、会計コンサルティング会社の仕事も多くは上場企業やＩＰＯ案件であるなど比較的大きい案件であるため、個人会計事務所で受注するのは難しい。独立の前段階の仕事としては監査法人よりは、作成側、経営者側の仕事の幅広い業務を経験でき、監査よりは会計コンサルティングの方が受注可能性あるためまだましであるが、独立にはあまり役にたたない場合が多いと思われる。

(7) 一般事業会社への就職及び転職

公認会計士試験合格者及び公認会計士で、一般事業会社で勤務する者も増えており、主に経理部、経営企画室、内部監査室など会計、監査等の知識や実務経験を活かせる部署で勤務している者が多い。また、株式公開準備や、ＩＦＲＳ導入やＪ－ＳＯＸ導入の時に特別なプロジェクトや事業部に公認会計士を採用するケースも多い。

ただし、公認会計士試験合格段階では、最初から一般事業会社を希望している者は少なく、また、一般事業会社側も相当程度の実務経験がある即戦力を希望する等の理由で最初から一般事業会社に就職する者は少ないが、就職難の年では一般事業会社に最初から就職する者も少なくない。

大多数は、公認会計士登録後に、一般事業会社に転職する者が多いと思われるが、一般事業会社に転職した場合の公認会計士の扱いは、会社の規模や転職する公認会計士の経歴、実務経験、得意分野、一般事業会社での経験、英語力等によりポジションや収入は様々である。

私が知る限り、公認会計士がＣＦＯ等主要なポジションの立場で活躍している会社は、ＩＰＯ準備会社や、ＪＡＳＤＡＱやマザーズ等の上場会社でも新興系や比較的小規模の会社のごくわずかに過ぎず、一般事業会社へ転職しても公認会計士としての自分の力が活かせないことも少なくない。出世等が生え抜きに比較して不利である等の理由から早めに退職する者も多く、転職した一般事業会社に長期間にわたり勤務する者はあまり多くないのが実情である。

(8) 個人の公認会計士事務所又は税理士事務所への就職及び転職

公認会計士試験合格者及び公認会計士で、個人の公認会計士事務所又は税理士事務所への就職及び転職する者は多くなく、就職及び転職する理由は、公認会計士試験合格者は、就職難で監査法人等他に就職できなかったケース、公認会計士は独立を前提に独立前に税務や営業のノウハウを学ぶために転職するケースが多いものと考えられる。

個人の公認会計士事務所又は税理士事務所へ就職及び転職するメリットは、中小企業や個人事業主の税務業務が中心になるので、独立のための知識、営業ノウハウを得ることができることである。デメリットは、中小企業や個人事業主の税務業務中心であると、数年程勤務すれば、そこで学ぶことがなくなり、小規模の事務所であると、そこで昇進や昇給へのモチベーションも持ちにくいことが挙げられる。また、人数が少なく、固定した人間関係であるため、うまくいかないと退職に結び付きやすい。

2 税理士の就職及び転職

税理士の就職及び転職は、公認会計士の就職及び転職で記載した項目の内、4大税理士法人、中小税理士法人、一般事業会社、個人の公認会計士事務所又は税理士事務所への就職及び転職が多いと思われるので、これらを中心に説明する。

(1) 4大税理士法人への就職及び転職

Big4系ファームへの就職に、20代での合格が必要となるのは、BIG4系ファームの監査法人の就職と同様である。

4大税理士法人の特徴は、4大監査法人と同様に、入社時の年齢が若く、若い者が多いこと、4大監査法人出身の公認会計士が多く所属すること、連結納税、組織再編税制、国際税務等難解な税務を中心に取扱い、クライアントも大手企業が多いことが特徴である。

したがって、4大監査法人同様、大手企業に勤務している感覚で安定して高収入であるが、クライアントや扱う案件が大きくて難解であり、独立開業には向かない。

若くに合格して、パートナーを目指したい者や、難解な税務案件を考えるのが好きな者に向いていると言える。

(2) 中小税理士法人への就職及び転職

公認会計士の就職及び転職で紹介した中堅監査法人グループの税理士法人は、税理士法人の中では、大手税理士法人になり、やはり、20代くらいの若い年齢での合格が前提になる。中堅監査法人グループの税理士法人も4大税理士法人とまではいかなくてもクライアントや案件は比較的大規模で難解な案件を扱う場合が多いのは同様であり、4大税理士法人よりはやや扱う案件の規模が小さくなる程度である。

中堅監査法人グループ以外の税理士法人も、規模や扱う案件は法人によりけりであり、相続税に特化している税理士法人から何でも扱う税理士法人まであり、個々に自分が希望する税理士法人を探すことになる。

(3) 一般事業会社への就職及び転職

税理士は、一般事業会社では経理部に配属している者がほとんどだと思われる。また、税理士は、科目合格制のため、経理部等で勤務しながら合格し、そのまま一般事業会社に勤務している場合も多いものと思われる。

税理士の場合、科目合格制のため、一部科目合格段階や、簿記検定取得段階で、税理士取得前から税理士事務所又は公認会計士事務所、一般事業会社、税理士法人等に勤務している場合も多い。税理士自体が財務諸表作成側で仕事をするため、公認会計士のように財務諸表作成者側の仕事をしたいという動機で転職する者は少ない。事業会社の規模等にもよりけりであるが、税理士事務所又は公認会計士事務所の給与が低かったり、福利厚生があまりないなどの理由で一般事業会社に就職又は転職することにより安定性を求めている者が多いと思われる。

公認会計士同様、一般事業会社に転職した場合の税理士の扱いは、会社の規模や、転職する税理士の経歴、実務経験、得意分野、一般事業会社での経験、英語力等によりポジションや収入は様々である。公認会計士同様、税理士もＣＦＯ等主要なポジションの立場で活躍している者は多くないのが実情である。

(4) 個人の公認会計士事務所又は税理士事務所への就職及び転職

税理士は、個人の公認会計士事務所又は税理士事務所への就職及び転職している者は公認会計士より圧倒的に多い。

多くは、科目合格段階で就職し、税理士合格後数年所属して、中小企業や個人事業主の税務実務と営業獲得のノウハウを学んで独立するケースが男性には特に多い。

理由は、個人の公認会計士事務所又は税理士事務所は、単価の低い顧客が多く、雇用税理士は薄給であり、福利厚生もほとんどなく、また中小企業や個人事業主の税務実務は数年勤務すれば、習得できるレベルのため、個人の公認会計士事務所又は税理士事務所に長く勤務して得ることが多くないのが理由と思われる。

3 米国公認会計士（USCPA）の就職及び転職

米国公認会計士の就職及び転職は、公認会計士の就職及び転職で記載した項目の内、４大監査法人、中小監査法人、ファイナンシャルアドバイザリー又はトランザクションアドバイザリー会社、コンサルティング会社、４大税理士法人、一般事業会社が多いと思われるので、これらを中心に説明する。

(1) ４大監査法人への就職及び転職

米国公認会計士は試験合格後、４大監査法人へ就職及び転職する者は、日本の公認会計士試験合格者ほど多くない。

米国公認会計士試験合格者は、日本の公認会計士試験合格者と異なり、学生や無職での合格者は多くなく、働きながら合格する者が多いため、合格年齢が相対的に高く、勤務していた会社から転職する場合に給与が落ちるケースも多い。米国公認会計士は日本の公認会計士と異なり、日本の監査法人では、パートナーとして監査報告書にサインできないため、日本では補助者としての役割しか担えない。

米国公認会計士が４大監査法人へ就職及び転職するメリットは、外資系一般事業会社で一定以上のポジションで転職したい場合に、ＢＩＧ４の勤務経験を求めている場合も多いので有利になる、公認会計士のベースとなる監査を経験することで、一般事業会社の経理、コンサルティング、税務等をやるためのベースが出来る等である。

逆に米国公認会計士が４大監査法人へ就職及び転職するデメリットは、米国公認会計士だとそもそもパートナーになるのは困難なうえ出世にも限界あるので、数年在籍しても次の転職を考えておく必要があることが挙げられる。日本の４大監査法人では、日本の公認会計士が会計、監査の中心を担い、会計知識が日本の公認会計士より相当程度劣る米国公認会計士は、会計の知識よりも英語能力を期待されている。海外提携ファームや外国人とのやりとりや、英文報告書の作成等の業務が中心になり、会計実務、監査実務を思うようにやらせてもらえない実状がある。

なお、米国公認会計士は、英語能力、ＵＳＧＡＡＰ（米国会計基準）等日本の公認会計士にはない知識、能力を期待されて採用されるため、主に国際部や、国内事業部でも海外子会社等が多い大企業等の監査チームの一員として配属されることが多い。大手監査法人の国際部には相当程度の米国公認会計士が所属しているため、米国公認会計士が少ない他の部署や、中小監査法人ほどは昇進等含め不利な面は比較的少ない。

(2) 中小監査法人への就職及び転職

中小監査法人でも米国公認会計士を採用しているところはあり、その多くは、上場企業の監査クライアントを20社程度以上保有し、グローバルに展開している企業をクライアントに持つ準大手監査法人である。

米国公認会計士が準大手監査法人に就職及び転職するケースは、買手市場で4大監査法人の需要が少なく採用されなかった場合が多いと思われる。

米国公認会計士が準大手監査法人や中小監査法人に就職及び転職するメリットは、公認会計士ほどない。

というのも、米国公認会計士だけで独立開業する者は稀であり、そのため人脈の構築はそこまで必要なく、また、大手監査法人ほど英語やUSGAAP（米国会計基準）等が必要とされるクライアントや案件は多くない。米国公認会計士の力が必要なケースはより限定的で、所属する米国公認会計士の数も多くなく、昇進等含め不利な面が多い。

(3) ファイナンシャルアドバイザリー又はトランザクションアドバイザリー会社への就職及び転職

米国公認会計士で大手監査法人等監査法人を3年程度以上経験後にファイナンシャルアドバイザリー又はトランザクションアドバイザリー会社への就職及び転職する者もそれなりにいる。

やはり、ここでもＢＩＧ４系のファイナンシャルアドバイザリー又はトランザクションアドバイザリー会社では英語を利用する海外Ｍ＆Ａ案件のデューディリジェンスを任されることが多い。

やはり、仕事がハードなため、長期間最後まで勤務する者は稀であり、次の転職を視野に入れておく必要がある。

ファイナンシャルアドバイザリー又はトランザクションアドバイザリー会社のデューディリジェンス等は監査法人ほど会計の知識を使わないため、監査法人よりも、与えられる仕事や昇進等の不遇が少ないことはメリットであろう。

(4) コンサルティング会社への就職及び転職

コンサルティング会社へ就職及び転職する米国公認会計士もそれなりにおり、日本の公認会計士と異なり、試験合格前、試験合格してからわずかな年数で、コンサルティング会社へ就職及び転職する者も多い。また会計コンサルティングに係らず、IT系のコンサルティングを行っている米国公認会計士も多い。

コンサルティング会社は監査以上に仕事がハードなため、長年勤務する者は多くないため、やはり次の勤務先を考えておく必要がある。

コンサルティング会社は、監査法人より実力主義であり、相対的に米国公認会計士の数も多いので与えられる仕事や昇進等の不利は少ないことは就職及び転職するメリットであろう。

(5) 4大税理士法人への就職及び転職

米国公認会計士で4大税理士法人へ就職及び転職する場合、英語能力や、米国税務等海外の税務、国際税務の力を期待される場合が多く、移転価格の部署、海外M&Aの税務を行う組織再編税制や税務デューディリジェンスを行う部署、米国税務を扱う部署等に配属されるものが多い。

やはり、4大監査法人に就職及び転職する場合と同様に、日本の公認会計士や税理士があまり得意でなく、所属している数が少ない移転価格の部署等国際税務、海外の税務を扱う部署ならパートナー待遇等への昇進も可能であり、差別化を行うことが可能である。

(6) 一般事業会社への就職及び転職

米国公認会計士資格保有者は、一般事業会社へ就職及び転職する者が一番多いと思われる。日本の公認会計士と異なり、一般事業会社等に勤務しながら合格する者が多く、また合格後30歳を超えていると一般事業会社にそのまま勤務していた方が給与、待遇も良いこともあり、合格してもそのまま一般事業会社に勤務している者が多いのが特徴である。

また、日本の公認会計士や税理士と異なり、必ずしも経理、経営企画、内部監査等会計、監査、税務の知識を使う部署だけでなく、会計、監査、税務の知識を使わない部署等で幅広く所属している。

これは、米国公認会計士の試験が日本の公認会計士試験や税理士試験ほど難しくなく、専門性が低いことも影響している。

米国公認会計士資格保有者は、一般事業会社の中でも外資系一般事業会社への就職及び転職する者が多く、効力を発揮する。

というのも、外資系一般事業会社は、経理部、内部監査部門等でのマネージャー等一定以上のポジションでの採用は、日本の公認会計士、税理士、米国公認会計士資格保有者又はMBA保有者、TOEICの点数が700点や800点以上、BIG4系事務所で一定年数以上の経験者、英会話能力がビジネス会話レベル等の能力があることが望ましい旨の募集要項が多く、この点、米国公認会計士資格保有者はTOEICの点数、英会話能力含め募集要件を満たしている場合が多く、また、ある程度規模が大きい外資系一般事業会社において、米国公認会計士資格保有者は、多数在籍しており、転職がしやすい。

米国公認会計士で監査法人等において監査経験がある場合、外資系一般事業会社の内部監査部門への転職もお勧めである。

外資系一般事業会社は内部監査部門があるケースが多く、海外へ行く機会も多いため、監査法人で養った監査能力や英語能力を十分に発揮でき、収入も比較的よい。米国公認会計士が比較的苦手とする会計知識も経理部門等よりは要求されないためである。

4 米国税理士（EA）の就職及び転職

米国税理士（EA）の就職及び転職であるが、現行、米国税理士（EA）の資格保有を募集要件としている会社はほぼない。というのも、米国税理士（EA）そのものの知名度が日本でなく、米国税務を扱う部署でも日本の税理士で英語ができる者、米国公認会計士、米国税務の実務経験がある者を募集している場合がほとんどである。

したがって、米国税理士保有だけでは、就職及び転職は厳しく、多くの米国税理士保有者は日本の税理士や米国公認会計士資格と組み合わせて保有して就職及び転職市場で＋αのアピールをしている場合が多く、ダブル資格により、大手税理士法人や米国資本の外資系一般事業会社に就職及び転職しているケースが多い。

第4章 公認会計士・税理士・米国公認会計士（USCPA）・米国税理士（EA）の開業

1 公認会計士の開業

公認会計士が開業する場合、公認会計士業務だけで開業する場合、公認会計士業務＋税理士業務で開業する場合があるが、多くは公認会計士業務＋税理士業務で開業する場合が多い。

理由としては、公認会計士業務は、上場企業や、新規株式公開を目指している会社が中心であり、個人の公認会計士事務所が顧客を獲得するのは困難だからである。

そのため、公認会計士の独立開業者は、公認会計士業務をわずかに行うか、公認会計士業務は複数人の公認会計士と提携したＬＬＰのような箱をつくったり、公認会計士業務を中心に受注する会社を別途設立してそちらで公認会計士業務を行い、個人事務所は税理士業務中心に行っている事務所が多い。

なお、公認会計士業務のみしか行わない個人の公認会計士事務所もあるが、顧客獲得が難しい。個人事務所の場合、監査業務を受注することは稀なので、財務デューディリジェンス、ＩＰＯコンサルティング、決算支援、ＩＦＲＳ導入支援、内部統制コンサルティング、社外役員等が中心になるが社外役員以外は一定期間のみのプロジェクト的な仕事が多く、顧問の形で長期安定的な報酬を得られないので、事務所の経営が長続きせず、組織に戻る人も多い。

したがって、個人の公認会計士事務所は、税理士業務中心に行い、税務顧問契約で安定的な報酬を確保するか又は社外役員等安定的な報酬を復数獲得することが経営基盤の確立に必要となる。

以上から、公認会計士の開業の成功の鍵は、税務が出来る又は社外役員等安定的な報酬をいくつか確保すること、営業が出来ることが重要と考える。また、公認会計士業務を行う場合は、単独で行うよりは営業や実務に強い公認会計士と共同で法人を設立する（又は共同事務所を設立する）ことが、安定的な顧客獲得のために重要である。

公認会計士で開業する時期は、公認会計士の修了考査に合格し公認会計士登録してすぐから監査法人等のマネージャーになってすぐ位が多く、概ね公認会計士試験合格後4年〜8年程度を経過して、ある程度実務や知識に自信をつけてから独立する者が多い。

開業する公認会計士の税務知識や税務実務の習得方法は様々である。税理士法人や個人の会計事務所等に転職して税務経験を数年程度経てから独立する者から、私のように自分で監査法人時代から勉強して、監査クライアントの税務申告書作成方法を考えたり書いてみたり、税金担当科目の時に勉強して税務知識を得することで、税理士法人や個人の公認会計士事務所等を経ずに独立する者まで様々である。

ちなみに、私の周りの公認会計士の独立開業者は、税理士法人や個人の会計事務所等を経ずに独立し、税務クライアントをとりながら税務知識、税務実務を習得していっている者が多い。

ようするに、実務への適応力、柔軟性が監査法人等組織に勤めていた時以上に重要であり、自分がやったことのない業務以外出来ない、やらない、仕事をとれないでは、なかなかクライアントはつかないし事務所は大きくならない。実務への適応力、柔軟性、積極性、いろんなことを体験し吸収する意欲が重要であり、それが出来ればなんとかなるともいえる。

公認会計士の開業というより、あらゆるビジネスの開業で一番重要なのは、営業で仕事を獲得することである。

親、親戚などの公認会計士事務所や税理士事務所を継いでいる人や、もともと家柄などで人脈が強い人以外は、人脈の形成や公認会計士業務や税理士業務を紹介してくれる可能性の高い金融機関（銀行、証券会社、保険会社等）、ファンド、公認会計士事務所や監査法人、弁護士、司法書士、行政書士、社会保険労務士等他の士業事務所等の提携等に自ら動く必要がある。開業前の勤務している時から、開業を見据えて、交流会や会合に積極的に参加することで開業前に人脈形成しておくことが望ましい。

また、独立開業している公認会計士、税理士は多く、公認会計士試験の合格者は急増しているので、通常の税務業務や公認会計士業務だけでなく、何か特徴がないと価格競争含め過当競争にさらされる。国際税務に強い、相続税に強い、外資系に強い、税務調査に強い、融資に強い、病院等医療系に強い、節税に強い、ＩＦＲＳに強い、ＩＰＯに強いなど特徴ある事務所、差別化できる事務所でないと個人として継続して経営していくのは難しい時代になっていることを認識すべきである。

2 税理士の開業

主に大企業を顧客にし、会計監査を中心の業務とする公認会計士より、中小企業の顧客が大部分を占める税理士の方が独立開業する割合、数が多い。

税理士が開業する理由は主に、税理士の多くが勤める中小税理士法人や個人の公認会計士事務所、税理士事務所は給与が安いこと、顧客が中小企業や個人事業主中心でほとんどの企業は税務顧問をつけるため顧客を比較的獲得しやすいこと、一国一城の主を目指して税理士資格を取得したものが多いことなどが挙げられる。

ただし、潜在的な顧客層は多いが、税理士の登録者数は7万人を超えており士業の中でも競争は激しく、多くの税理士がＨＰ等ＷＥＢを活用して顧客を獲得している。記帳代行会社等が格安で記帳代行や申告を請け負っている、ｆｒｅｅｅやＭＦクラウド等のクラウド会計の導入により自計化が進んでいる等の理由から近年ますます税理士報酬の単価は落ちており、顧客を取るのも大変で単価も安いという厳しい状況になっている。

したがって、公認会計士の開業で記載したように国際税務に強い、相続税に強い、外資系に強い、税務調査に強い、融資に強い、病院等医療系に強い、FXに強い、コンビニに強い、仮想通貨に強い、節税に強いなどの差別化をし、事務所の得意分野、特徴を出さないと顧客を獲得するのが厳しくなっている。

税理士も試験合格後いきなり独立する者は少なく、税理士法人や個人の公認会計士事務所、税理士事務所で数年勤務後に独立する者が多い。独立するには、独立開業前から人脈形成しておき、人によっては開業前に所属していた事務所の自分担当の顧客に開業後自分の顧客になってもらう等開業のための準備をしておくことが望ましい。

3 米国公認会計士の開業

米国公認会計士資格のみで独立開業している者はほとんどいない。

前記理由は、米国公認会計士は国内では独占業務を持たないからである。

したがって、米国公認会計士は、日本の公認会計士や税理士資格と組み合わせて保有して独立する者がほとんどである。

ただし、米国公認会計士資格のみで独立開業している者もわずかにおり、税理士法人や米国の会計事務所経験者は、米国税務に特化して独立している者が多い。また、監査法人や会計コンサルティング経験者は、USGAAPやUS-SOXをはじめ、外資系の企業に特化した会計コンサルティングを行う等で独立している者が多い。

4 米国税理士の開業

米国公認会計士資格と同様に米国税理士資格のみで独立開業している者はほとんどいない。上記理由は、米国公認会計士同様に国内では独占業務を持たないからである。

ただし、米国税務の需要も個人で米国の所得がある者、米国にペーパーカンパニーを保有している者等が日本にもおり一定の需要はあるため、米国税理士のみで独立している者もわずかながらにいる。

とはいえ、米国税理士で独立している者は、日本の公認会計士や税理士資格と組み合わせて保有して独立する者がほとんどであるのは米国公認会計士と同様である。

第5章

各資格の資格取得の実務への役立ち、実務で必要な英語力、日本の公認会計士又は税理士が米国公認会計士（USCPA）又は米国税理士（EA）を取得するメリット、一般事業会社所属の者が米国公認会計士（USCPA）又は米国税理士（EA）を取得するメリット

1 各資格の資格取得の実務への役立ち

(1) 公認会計士資格取得の実務の役立ち

公認会計士資格取得は、監査法人勤務等公認会計士の大多数が所属する会社なら実務へ役立つし、そもそも公認会計士資格が採用条件の一つである。

ここでは、特に一般事業会社において公認会計士資格取得が実務に役立つかを記載したい。

経理部、財務部等はまさに会計、税務の知識等公認会計士試験で勉強する知識を用いて仕事するため、特に上場企業や新規株式公開を目指す企業なら大いに役立つことは言うまでもない。

その他、財務諸表を見る銀行の融資や、M&Aを考える部署、子会社管理する部署、内部監査等は会計、会社法、経営学の財務論、監査等の知識を複合的に用いるので公認会計士試験で勉強する知識が役立つだろう。

公認会計士資格は、会計、税務、法律、経済、経営、監査等広い範囲を勉強する試験なので、これらの知識を少しでも必要とする部署の多くの事業会社に勤めている者の実務に役立つであろう。

(2) 税理士資格取得の実務の役立ち

日本の税理士試験は、会計、税務の勉強をするので、多くの税理士が勤める税理士法人や個人会計事務所以外であると経理部、財務部、M&Aを考える部署、子会社管理する部署等の実務に役立つだろう。

ただし、公認会計士試験のように監査、税法以外の法律(会社法、民法、金融商品取引法等)、経済学、経営学、統計学等はなく、会計、税務以外の科目はないため、役に立つ部署は数字を扱う部署に限定される。

(3) 米国公認会計士資格取得の実務の役立ち

米国公認会計士資格も日本の公認会計士資格と似通った試験科目なので、経理部、財務部、財務諸表を見る銀行の融資や、M&Aを考える部署、子会社管理する部署、内部監査等で広く役に立つだろう。

ただし、勉強する内容が会計は日本の試験よりかなり内容が浅く、税法や法律は米国のものであるため役立ちはやや限定される。

ただ、米国公認会計士資格は全ての科目を英語で勉強するので、海外とのやりとりが多い部署や、外資系企業等では日本の公認会計士資格よりも実務に役立っている人もいると思われる。

(4) 米国税理士資格の実務の役立ち

一般的な日本企業では、米国の税務しか勉強しない米国税理士資格はほとんど役に立たないだろう。

米国税理士資格が役に立つのは、米国資本の企業で米国税務の申告が必要な企業や、米国税務の知識は使わないが、税務の英単語や、英文の知識が必要なグローバル企業なら実務に役に立つだろう。

やはり、米国公認会計士資格、日本の税理士資格とセットでないと実務への有用性はあまり高くないのが実情だろう。

2 実務で必要な英語力

公認会計士、税理士、米国公認会計士、米国税理士等が会計、監査、税務それぞれの実務で必要な英語力を記載したい。

監査法人、税理士法人、個人会計事務所等でどれくらい英語を使うかということであるが、英語が不得意であれば、まったく英語を触らないことも可能である。

監査法人の場合、英語を使って業務を行うのが多いのは、国際部で、国内部であっても海外子会社等海外拠点を多く持つ監査クライアントの担当になれば英語を使う機会はそれなりにある。

英語を利用するケースは、例えば、海外子会社の英文の財務諸表を監査する、海外関係会社の監査を行っている海外の監査法人に英文でインストラクションを出す、インストラクションに対し回答をする、英文でメールをやりとりする、アニュアルレポートを英文で作成する等であり、これからもわかるように主に英文の読み書きが中心である。上司が外人である場合や、監査クライアントが外資系の日本子会社で経理部や役員が外国人で日本語をあまり話せない場合は、英語で会話できる必要があるがかなり限定的である。

税務の場合は、もっと利用する機会は少なく、米国税務をやる場合は、申告書は当然英語なので、すべて英語を用いて作成するが、読み書き中心であり、国内の税務をしている限り、ほとんど英語を利用する機会はない。ただし、外国人社長や外資系企業の税務を担当する場合は、英語でミーティングをする機会もそれなりに出てくる。

会計コンサルティングでは、USGAAPやIFRSのレポートを英文で作成する、海外上場案件で英文によりUSGAAPやIFRSのレポートを作成する、米国上場の日本子会社でUS-SOXで英文によりレポート作成する等、やはり、読み書き中心であり、海外上場案件等で海外の証券会社や監査法人等のやりとりにおいて英語で会話する以外は英語で話す機会は多くない。

したがって、英語の会話能力を高めたいなら、各監査法人等の海外派遣、駐在等プログラムを利用して数年間海外に滞在して現地で仕事することが必要となるが、選考にあたり、組織に所属した年数、TOEICの点数、英会話能力を図るための面談、これまでの組織での仕事での一定以上の評価等が総合的に判断されるため、ハードルはそれなりに高い。

3 日本の公認会計士又は税理士が米国公認会計士（USCPA）又は米国税理士（EA）を取得するメリット

(1) 日本の公認会計士が、米国公認会計士（USCPA）を取得するメリット

日本の公認会計士が、米国公認会計士（USCPA）を取得するメリットを記載したい。

近年、日本の公認会計士試験の合格者数の増加により、公認会計士の数も激増しており、2009年～2012年にかけての長い就職難、転職難の時期も重なり差別化が必要となった。また米国公認会計士（USCPA）の日本での受験が可能となったことから米国公認会計士（USCPA）の取得に挑戦する日本の公認会計士は増加している。

日本の公認会計士が米国公認会計士（USCPA）を取得するメリットは、他の日本の公認会計士と差別化できる、米国公認会計士（USCPA）を取得する過程で米国の税法、会計、法律、監査及びIFRSを英語で学習でき、英語能力が向上するだけでなく、国際部への配属、海外案件に携わる可能性が高まり、国内案件及び海外案件両方に携わることができる等メリットは大きい。

ただ、米国公認会計士（USCPA）試験は、日本の公認会計士試験以上に基礎的事項が中心のた

め、合格後は、米国公認会計士（ＵＳＣＰＡ）のＣＰＥや米国の会計や税務実務を通して勉強していかないと、この試験の知識のみでは実務には適応できない。

私も、米国公認会計士（ＵＳＣＰＡ）の取得により、国内だけでなく海外へ視野が広がり、積極的に海外案件を受注するようになった。米国税務、米国会計基準やＩＦＲＳでのレポート作成、海外ＩＰＯのコンサルティング、海外資本の会社の税務顧問等、米国公認会計士（ＵＳＣＰＡ）を取得したからこそ他の公認会計士事務所や税理士事務所と差別化でき、このような海外案件に携わる機会をもらえたと思っている。国内の会計、税務業務より、競合する公認会計士事務所や税理士事務所も少ないので価格競争にもそんなにさらされないのも良い点だと思う。

(2) 日本の税理士が米国公認会計士（USCPA）を取得するメリット

日本の税理士が米国公認会計士を取得するメリットは、他の税理士との差別化ができる、米国税務の知識がつく、公認会計士業務（日本国内の監査報告書のサイン除く）ができる知識がつく、英語能力の向上が期待できる、などがある。

ただし、公認会計士業務の監査の補助、ＩＦＲＳ、ＵＳＧＡＡＰ、ＵＳ－ＳＯＸ、財務デューディリジェンスを行う場合は、監査法人等公認会計士が多数所属するファームで実務を数年経験しないとできないため、税理士が米国公認会計士を取得するメリットは公認会計士ほど多くない。

ただし、日本の税理士と米国公認会計士のダブル資格保有者は日本の公認会計士と米国公認会計士資格のダブル資格保有者よりもさらに少ないので希少性は高く、米国税務、国際税務や国内案件でも英語を使う業務を行えれば、他の税理士と差別化でき、単価が高い案件を受注できる可能性は高まる。

(3) 日本の公認会計士、税理士が米国税理士(EA)を取得するメリット

日本の公認会計士、税理士が米国税理士(EA)を取得するメリットであるが、日本の公認会計士では、税理士法人で米国税務を担当している者、独立して米国税務もやろうと思っている者、日本の税理士においてもやはり同様の状況の者なら取得する意味がある。

米国税務を行う場合、米国公認会計士(USCPA)の取得でもいいが、米国公認会計士(USCPA)は税務だけでなく、会計、法律、監査、経営学、経済学、IT等、学ぶ範囲が多岐にわたるため、米国税理士(EA)より数段合格までの勉強時間がかかり、試験が難しい。米国税務の知識しか必要ない者や、米国公認会計士(USCPA)より深く米国税務を勉強したい者は米国税理士(EA)を取得するとよい。

4　一般事業会社所属の者が米国公認会計士（USCPA）又は米国税理士（EA）を取得するメリット

(1)　一般事業会社所属の者が米国公認会計士（USCPA）を取得するメリット

米国公認会計士（USCPA）資格取得を目指す者で一番多いのが、一般事業会社に既に勤務している者で、プラスαの専門知識や資格が欲しくて勉強するケースだと思われる。

一般事業会社所属の者が米国公認会計士（USCPA）を取得するメリットであるが、監査法人、税理士法人等会計ファームにこれから転職したい場合、経理部等会計に係る部署への配属を希望している場合など、明確な目的があれば、米国公認会計士取得は必ずプラスになる。

逆に明確な目標なく、日本の公認会計士より簡単で、日商簿記検定2級、TOEIC400点でも合格する試験という宣伝文句に乗り、資格の取得を目指す意味はない。費用も受験料、専門学校費用、追加単位費用等あわせて100万円以上かかる試験で、世間で言われているほど簡単な試験でないので、専門学校に申し込んだはいいが、ドロップアウトする可能性が高くなる。

(2) 一般事業会社所属の者が米国税理士（EA）を取得するメリット

これまでのところで記載した通り、米国税理士（EA）の資格のみで採用している会社は会計ファームでもほぼないので、所属する会社が米国税務の知識が必要な場合や、米国公認会計士（USCPA）資格や日本の税理士資格を取得したうえで、プラスαで業務の必要性に応じて米国税理士資格を取得する以外は、あまり米国税理士単独で取得しても社内アピールにも就職や転職に役立たない。

また、米国公認会計士資格のみで米国税理士登録せずとも米国税務を行えるので、米国税理士の日本における知名度はほとんどないのが現状である。就職や転職、社内アピールを考えるなら米国公認会計士資格を目指すことをお薦めする。

第6章 公認会計士・税理士・米国公認会計士（USCPA）・米国税理士（EA）の昇進及び年収

1 公認会計士の昇進及び年収

公認会計士の昇進及び年収は所属する組織や公認会計士業界の労働市場や業績等様々な要素に左右される。

(1) 監査法人所属の場合

監査法人は階層がスタッフ（民間企業でいう役職なし）、シニアスタッフ（民間企業でいう主任、係長）、マネージャー（民間企業でいう課長）、シニアマネージャー（民間企業でいう部長）、社員（パートナー、民間企業でいう取締役）、代表社員（代表パートナー、民間企業でいう代表取締役）に分かれている。

大手監査法人所属の場合、監査法人の業績の影響により年間50万円～100万円前後は各階級で影響を受けるが、スタッフで450万円～600万円程度（残業を除いた場合、残業や業績賞与込みの場合は500万円～700万円程度）、シニアスタッフで650万円～800万円程度（残業を除いた場合、残業や業績賞与込みの場合は750万円～1、000万円程度）、マネージャーで800万円～1、200万円程度（残業なしで業績賞与別途有り）、シニアマネージャーで1、100万円～1、400万円程度（残業なしで業績賞与別途有り）、社員（代表社員含む）は、1、500万円以上であり、2、000万円～3、000万円の層が多い。なお、各大手監査法人のボードメンバーになれば、8、000万～1億円程度の年収も期待できる。

マネージャー以上は、残業がつかない分、監査法人の業績や個人の査定等により影響を受け、パートナーは営業獲得額や獲得件数によっても報酬は異なる。

内部統制監査、四半期レビュー制度の導入により各監査法人で残業を除き定額で50万円～100万円以上給与が上昇したが、その後の2009年～2012年の各監査法人の業績不振や人員過剰によるリストラにより給与削減され、内部統制監査、四半期レビュー制度導入以前の給与水準よりも減少し、その後、2013年以降監査法人の業績回復に伴い内部統制監査、四半期レビュー制度導入以前の給与水準に戻っている。

2009年～2012年の各監査法人の業績不振や人員過剰により昇進が相当程度厳しくなっており、その結果順調な給与の増加が以前より見込めなくなっていたが、2013年以降監査法人の業績回復に伴い再度昇進や昇給も少しずつ回復している。しかし、内部統制監査、四半期レビュー制度導入時や導入以前ほどの昇給や昇進のスピードほどには回復していない。

中小監査法人においては、大手監査法人と比較した場合、給与水準はまちまちであり、各階層で大手監査法人の給与から残業を除いた定額でプラス、マイナス100万円程度まで幅がある。多くの中小監査法人は、大手監査法人よりリスクあるクライアントや低額報酬で受注したクライアントが多いため、収益状況は大手監査法人より厳しいため、給与水準も低くなっている。

また多くの中小監査法人は、大手監査法人と比較して人数が少ないため、大手監査法人ほど階層化されていない場合が多く、パートナーとそれ以外（スタッフ）で構成されているケースや、シニアマネージャーやシニアスタッフがなく、スタッフ、マネージャー、パートナーの3段階である等様々である。

(2) 税理士法人に所属の場合

大手監査法人系の税理士法人に所属した場合、監査法人と階層は同様であるが、それぞれ給与水準が監査法人と近い水準になっている。

さらに規模が小さい中堅税理士法人の場合は、マネージャーで600万円程度が相場であり、監査法人に比し、300万円から400万円程度低い給与水準が一般的である。

もちろん、法人によっては監査法人と同水準に近い給与を支払う法人もあるが、概して監査法人よりは低い給与水準である。

税理士法人で監査法人と近い給与水準のところは、公認会計士が多数所属している公認会計士が設立した税理士法人が多く、公認会計士の給与に引っ張られて高い給与水準が設定されているケースが多い。また公認会計士が設立した税理士法人は公認会計士関係の業務をしていたり、税務クライアントも比較的大規模なクライアントが多く、1件当たりの単価が税務にしては高いため、高い給与水準になっている。

なお、中小税理士法人も、中小監査法人同様に、大手税理士法人と比較して人数が少ないため、大手税理士法人ほど階層化されていない場合が多く、パートナーとそれ以外（スタッフ）で構成されているケースや、シニアマネージャーやシニアスタッフがなく、スタッフ、マネージャー、パートナーの3段階である等様々である。

(3) ファイナンシャルアドバイザリー又はトランザクションアドバイザリー等財務デューディリジェンス会社所属の場合

大手監査法人系の財務デューディリジェンス会社所属の場合一部を除き、多くのＢＩＧ４系ファームでは、階層に関係なく給与定額制＋業績賞与方式を採用しており、定額制としては大手監査法人の同階層より１００万円程度以上は多い給与水準となっているが退職金がない会社も多い。

ただし、M&Aが集中するときは夜遅くまで残業が続くなど体力的に監査法人より厳しいが、その分監査法人や税理士法人に比較し給与水準には恵まれている。

前記の通り、監査法人や税理士法人より忙しい分、時間単価で考えると、監査法人や税理士法人より低い可能性があるので、給与水準のみを重視して転職すると大変なことになる。

大手監査法人系以外のデューディリジェンス会社の場合も概して仕事がハードな分、給与水準は恵まれている。２００９年～２０１２年のように景気が悪いとM&Aが減り、業績賞与額中心に低下し、給与水準は低下傾向にあったが、２０１３年以降景気の回復とともにM&Aも増加して回復傾向にあり給与水準も回復傾向にある。

(4) コンサルティング会社所属の場合

大手監査法人系の会計系コンサルティング会社の場合、残業支給なしの会社が多く、その分監査法人と同じ階層より50万円～１００万円程度給与が高い場合が多いが、残業等含めて考えると監査法人と同水準並ともいえる。

コンサルティング会社もファイナンシャルアドバイザリー又はトランザクションアドバイザリー等財務デューディリジェンス会社に近く、プロジェクトが佳境になると、残業続きで忙しくなる傾向にある。また仕事量も景気に左右されるため、給与や業績賞与も当然のことながら、景気に左右される。

(5) 一般事業会社の経理部等所属の場合

一般事業会社の経理部など民間企業所属の場合、給与水準は勤務する企業によりけりである。監査法人の給与水準は一般的に大手メーカーより高く、大手商社、大手金融機関、大手マスコミよりは低い給与水準となっている。

ただし、監査法人や税理士法人は、福利厚生が中小企業並みで、退職金も少ないかほとんどないので、福利厚生を含め、トータル的に見ると大手メーカーの方が監査法人より待遇が良いものと思われる。

(6) 個人の公認会計士事務所又は税理士事務所に勤務した場合

個人の公認会計士事務所又は税理士事務所に勤務した場合、事務所の業績や規模、入社時のポジション、各人の経歴次第になるが、年収で300万円~500万円程度と思った方がよく、600万円もらえたら相当良い方である。個人事務所開業のための修行、勉強させてもらう期間と思って働けば、そこまで悪くないと思われる。

(7) 事務所開業の場合

事務所開業の場合、給与は当然まちまちであり、個人の営業努力、年商や雇用する従業員数による。給与は個人の努力次第といえる。

参考までに2004年に発表された日本税理士会連合会の税理士アンケートがあり、開業税理士の年収分布は次のようになっている。

公認会計士も開業者は税理士登録をして税理士業務を中心とする者も多く、開業公認会計士と開業税理士の年収分布は大きくは異ならないと思われるので参考になる。

(2004年日本税理士会連合会の税理士アンケートによる開業税理士の年収分布)

500万円未満	26%
500万円以上	14%
1、000万円以上	17%
2、000万円以上	12%
3、000万円以上	8%
4、000万円以上	6%
5、000万円以上	6%

7、000万円以上　5％
1億円以上　3％
2億円以上　0・4％
3億円以上　0・1％

前記を見ると、年収500万円未満が26％だが、これは、開業して5年未満や、税務署退職後細々と税務をやっている人がこの層では多いと思われる。

また、年収1、000万円以上が60％、2、000万円以上が41％、年収3、000万円以上が31％、年収5、000万円以上が14・5％おり、独立開業すると、大手監査法人、大手税理士法人のパートナーの年収相場である2、000万円～3、000万円程度稼いでいる人が多いことがこのアンケートでわかる。

最近は価格競争が激しいが、差別化して成功している事務所も数は少ないがあり、成功している事務所と成功してない事務所の2極化がますます拡大している。

2 税理士の昇進及び年収

1 公認会計士の昇進及び年収のうち、(2)税理士法人に所属の場合、(5)一般事業会社の経理部等所属の場合、(6)個人の公認会計士事務所又は税理士事務所に勤務した場合、(7)事務所開業の場合とほぼ同様である。

税理士は勤務の場合は、大手税理士法人を含め公認会計士業務よりクライアントが小さい場合が多く、報酬単価が低いため、大手税理士法人以外に勤務した場合、中堅税理士法人だとマネージャーで600万円、個人の公認会計士事務所又は税理士事務所だと300万円~500万円と低い。(7)事務所開業の場合の税理士の年収分布をみてわかる通り、独立開業した方が、年収が上がる人が多いのがわかる。

そのため、公認会計士業務はクライアントが大規模で個人事務所ではクライアント獲得が難しく、給与水準が良いため、組織に所属したままの公認会計士が多いが、税理士は、クライアントが小規模で営業努力でクライアント獲得ができ、組織に勤務した場合の給与水準が高くないため、独立開業する税理士が多い。

3 米国公認会計士の昇進及び年収

(1) 監査法人所属の場合

米国公認会計士の場合、1公認会計士の昇進及び年収の(1)監査法人所属の場合を参照していただきたい。大手監査法人、中小監査法人ともに日本の公認会計士と給与体系が異なるケースが多く、年棒で各年次各階級50万円~100万円程少額の監査法人が多く、日本の公認会計士と給与体系が異なる監査法人も多い。

例えば、専門職員と専門員というように日本の公認会計士と分ける、米国公認会計士試験合格者はジュニアスタッフから初めて評価が一定以上なら日本の公認会計士と同じテーブルで評価するなどがなされている。

(2) 税理士法人に所属の場合

米国公認会計士の給与は、1 公認会計士の昇進及び年収の(2)税理士法人所属の場合を参照していただきたい。税理士法人では、日本の公認会計士、税理士と同水準の税理士法人が多い。

(3) ファイナンシャルアドバイザリー又はトランザクションアドバイザリー等財務デューディリジェンス会社所属の場合

米国公認会計士の給与は、米国公認会計士の給与は、1 公認会計士の昇進及び年収の(3)ファイナンシャルアドバイザリー又はトランザクションアドバイザリー等財務デューディリジェンス会社所属の場合を参照していただきたい。日本の公認会計士と同水準の財務デューディリジェンス会社が多い。

(4) コンサルティング会社所属の場合

米国公認会計士の給与は、1 公認会計士の昇進及び年収の(4)コンサルティング会社所属の場合を参照していただきたい。日本の公認会計士と同水準のコンサルティング会社が多い。

(5) 日系一般事業会社の経理部等所属の場合

日系一般事業会社の経理部など民間企業所属の場合の給与水準は、勤務する企業によりけりである。

(6) 外資系企業の経理部等所属の場合

外資系企業の経理部などに所属の場合の給与水準は、勤務する企業によりけりであるが、外資系民間企業の給与水準は一般的に、日系企業より高い場合が多く、アカウンティングマネージャーや内部監査で年棒８００万円～１、２００万円等、英語能力の付加価値が評価され高い給与水準となっている。

(7) 事務所開業の場合

事務所開業の場合、給与は当然まちまちであり、営業努力や年商や雇用する従業員数による。給与は個人の努力次第といえるが、これまで記載したように米国公認会計士のみで開業するケースは稀であり、日本の公認会計士や税理士資格を保有したうえで独立している場合が多い。その場合は、外資系企業や外国人対応が多く、米国の会計、税務、英語能力等を使って業務する場合が多いので、顧客単価が高いため、日本の公認会計士や税理士だけ保有する事務所よりも年商、給与水準が高い事務所が多いと思われる。

4 米国税理士の昇進及び年収

米国税理士のみで、就職や転職する者は稀であり、多くは、日本の公認会計士や税理士、米国公認会計士資格と組み合わせて取得している者が多い。

公認会計士、税理士、米国公認会計士の昇進及び年収が参考になる。

なお、個人で米国税理士事務所を開業している者は、日本の税理士よりも米国税理士の数は少ないので（もちろん、米国税務の案件も少ないが）、必然的にあまり価格競争にはならず、日本の税務より高い単価を取っている場合が多い。うまく営業し、顧客を多数獲得できれば、日本の公認会計士や税理士以上に稼げる可能性もある。

特に、日本の税理士と組み合わせて、同一企業や同一企業グループに日米両方の税務サービスを提供できればかなり付加価値が高く、高い報酬が取れるであろう。

第7章 私の資格取得の動機と知識の維持向上及びスキルアップ方法、取得するとプラスになる他の資格

1 私の資格取得の動機と就職、転職、開業、資格取得後の知識の維持向上及びスキルアップ方法の紹介

私の資格取得の動機と資格取得後の知識の維持向上及びスキルアップ方法の紹介をする。

私の公認会計士、税理士、米国公認会計士、米国税理士各資格の勉強方法等は既に紹介したが、それぞれを目指した動機と資格取得後どのように知識の維持向上及びスキルアップをしているか参考までに記載するので資格を目指す多くの方の参考になれば幸いである。

私は、大学卒業後1年以内に公認会計士2次試験を目指した。

理由は、大学1年、2年時に公認会計士2次試験を目指そうと思ったが、当時公認会計士の労働市場が厳しく躊躇して国家公務員Ⅰ種試験（現在は国家公務員採用総合職試験）経済職試験に流れたこ

と、国家公務員Ⅰ種試験経済職に合格したが希望した官庁に内定をもらえず、また就職活動も少ししたが、当時就職難で希望した会社の内定を取れず原点に戻ったこと、またせっかく国家公務員Ⅰ種試験経済職試験で経済学や経営学等公認会計士2次試験と重なる科目の勉強をしたので、その時の勉強を活かせること、同じ大学の知人が公認会計士2次試験を合格していることが刺激になったこと、就職活動時には公認会計士の労働市場は一般事業会社と異なり、既に売り手市場に変わっていたこと等が挙げられる。

なお、私は、大学入学当初から、一般事業会社に勤務するよりも会計や経済や経営等専門知識を活かして、最難関試験である公認会計士2次試験か国家公務員Ⅰ種試験経済職試験を目指したいと思っていた。

大学卒業後、公認会計士2次試験の勉強を開始したが、入門期は時間があるので日商簿記検定の2級、1級、全経簿記検定の上級、税理士試験の簿記論、財務諸表論を同時に勉強して取得していった。上級期は、公認会計士2次試験の勉強に専念し、合格発表までの期間は時間があるため、多くは旅行等休暇にあてつつも英語力を大学受験時代から回復させるために英語の勉強をしＴＯＥＩＣテストを受験していた。

公認会計士2次試験合格後は、大手監査法人の地元の地方事務所に就職し、将来的な独立も視野にし、また早く会計、税務、監査の知識だけでも多くの公認会計士に追いつきたいという思いから、事務所勤務（クライアント現場に行かない比較的暇な日）の時は、会計、税務、監査の専門書をたくさん読み、知識の習得に努めた。

また、スタッフの時は監査で与えられる勘定科目につき、事前に監査調書を読んだり、専門書で予習してから実務を行い、実務をやりながら再度専門書を読むという形をとり、会計監査六法や専門書は持ち歩くようにしていた。

また、公認会計士3次試験の勉強のため、会計監査六法を読み込んで設例を解いたり、税務は税理士試験用の法人税、消費税、相続税、所得税の講義を聞いたりして知識習得に努めていた。

公認会計士3次試験合格後は、日本の公認会計士試験の合格者を増やし、試験制度を変える話が出ていたこともあり、また公認会計士3次試験合格後時間が出来るとともに、勉強意欲がわき、英会話学校に通い詰めることになる。

その後、大手監査法人の地方事務所に飽きて、4年9カ月勤務後、別の大手監査法人の東京事務所へ転職する。

なお、実際、この時の転職活動で、本当は、税理士法人や会計コンサルティング会社に転職したいと思っており、実際、中堅税理士法人及び会計コンサルティング会社の内定ももらうが、すぐ監査法人の地方事務所を退職するのが難しく、内定時期の関係で別の大手監査法人の東京事務所を選ぶことになる。

そこでは国内部であったが、フランスの会社の任意監査、リファード監査（親会社はフランスでフランスの監査法人がおり、そこからインストラクションに基づき監査する）も担当させてもらい、英文会計の実務も担当するようになる。

前記に合わせ、英会話学校に通い詰めるとともに米国公認会計士試験の勉強を始める。

米国公認会計士試験の勉強を始めた理由は、会計＋英語、会計＋税法、会計＋ITの知識があれば、他の会計士に比べてより広い業務領域を担当でき、転職するときにも自分の選択肢が拡がるなど差別化の必要性を感じていたからである。

米国公認会計士試験の勉強は、専門学校に通う時間はないので、通信講座で勉強し、隙間時間や事務所勤務（クライアント現場に行かない比較的暇な日）の時を勉強に費やした。

米国公認会計士試験の科目でITもあり、どの会社も会計ソフト、販売管理ソフト等ITに依拠しており、IT、特にIT監査に係る知識を得ないと本当に内部統制は理解できないと思っていたことから、CISA（公認情報システム監査人）の通信講座も受講した。こちらは講義を聞いて簡単に勉強する程度に終わり、深い理解に至らず受験できるまでに至らなかった。CISA（公認情報システム監査人）やシステム監査技術者の知識は、公認会計士が内部統制監査や内部統制コンサルティングをするのにIT監査に係る知識は欠かせず、差別化できるため、ITの単語等ITにアレルギーがない人は勉強してこれらの資格を取得すると良いと思う。

また、米国公認会計士試験の発表までの間を利用して、IFRS強制適用が予定されていたため、専門書を読み、研修を受講するだけでなく、IFRSの資格があればアピールになるかもしれないと思い、知識の確認も兼ねてIFRS検定の勉強をし取得した。

なお、大手監査法人の東京事務所へ転職後も毎年転職活動をし、その間に大手税理士法人のM&A、組織再編税制、連結納税等をやっている部署からの内定や、大手メーカーの経理部の内定をもらうが、給与待遇が大手監査法人より落ちるため、結局そのまま大手監査法人にとどまることになる。

米国公認会計士試験合格後、外資系事業会社での転職を考え転職活動をし、外資系事業会社での内定が決まりかけるが、転職活動の途中外資系コンサルティング会社の方の話によると、外資系事業会社へ転職しても、CFOになるには時間がかかるとのことだった。長期間同じ組織にいるタイプではないと思い、外資系事業会社への転職はせず、大手監査法人の東京事務所をちょうど3年で退職し独立開業することになる。

独立開業後は、国内の税務顧問契約を中心に、米国の税務、米国会計基準やIFRS、IPO、US-SOXのコンサルティングやデューディリジェンスをするが、米国税務をより深く勉強したいと思い、個人の公認会計士、税理士事務所として経歴の差別化を図るため米国税理士の資格取得を目指すことになる。

なお、資格のところで記載したとおり、公認会計士、米国公認会計士、米国税理士は、CPEがある一定の単位取得が義務付けられ、毎年継続的に学習する必要がある。

私は、公認会計士のCPEは、大手監査法人時代は、監査法人の研修を受講し、個人事務所開業後は、公認会計士東京会や公認会計士協会の研修を受講したり、執筆やセミナー活動でCPE単位を取得している。

私は、米国公認会計士のCPEは、CPE　DEPOTという米国公認会計士の単位取得のためのWEB学習サイトで学習し単位を取得している。CPE　DEPOTは会計、監査、税務等様々な米国の会計、税務、法律やIFRS等が学習でき、知識をアップデートできる。

米国税理士のCPEは、米国税理士の単位取得のためのサイトであるGLEIMでCPE単位を取得している。

2 取得するとプラスになる他の資格

(1) 公認会計士が取得するとプラスになる資格

TOEIC、BATIC（国際会計検定）、IFRS（国際会計基準）検定も受験する意味はあるが、TOEICとBATICは合否ではなく、点数でレベル分けされるものである。TOEICの高得点（700点以上）以外はあまり意味がなく、BATIC（国際会計検定）は英文会計の自己学習の到達度を図るものでしかなく、公認会計士資格があれば特にアピールする資格にはならない。

TOEICはスピーキングやライティングがないため、使える英語能力には結び付かないが、転職や、監査法人内の海外派遣プログラムの選考に影響するので受験することには意味がある。

IFRS検定はIFRSの超初級の知識の有無を確認する検定試験でしかないので、受験費用が

47、300円と割高な割に択一試験で、内容があまりなく、受験者の多くは日商簿記検定2級レベルであり、これもIFRSの自己学習の到達度を図るものでしかない。

TOEICテストの概要は、www.toeic.or.jp 参照。
BATICの概要は、www.kentei.org/batic/ 参照。
IFRS検定の概要は、www.ifrs.kentei.com 参照。

前記以外の公認会計士で働きながら取得可能なレベルの試験でかつ現在の実務に役に立つ資格は次のとおりである。

① 米国公認会計士（USCPA）

米国公認会計士試験は既に説明したとおりであるが、数年前から日本受験も可能になり、時間がある時に受験可能になり4科目を年最大4回受けられること、英語で会計、監査、税務、法律を学習するため、海外関連の実務をやられている者や、海外関連の実務をやりたいと思っている者にとり、取得して損はない資格である。

また、日本の公認会計士がUSCPA資格を保有すると、日本の公認会計士は英語が苦手な者が一般事業会社の上場企業等に所属している者と比較して多いので、海外業務だけでなく転職を含め有利になる。

② システム監査技術者

システム監査技術者試験は情報処理技術者試験の一種である。試験の概要は、情報処理推進機構のホームページwww.ipa.go.jp 参照。

システム監査を日本の監査法人など会計ファームで担当するには、通常システム監査技術者又はCISA（公認情報システム監査人）の資格保有が前提になる。

この試験は論述試験で、択一のみのCISA（公認情報システム監査人）よりはるかに難関な試験であるが、それだけにシステム監査をする場合は相対的に優遇される。システム監査を担当しない者でも、内部統制の実務でシステムの知識は避けて通れないため、システム監査技術者又はCISA（公認情報システム監査人）の勉強は役に立つ。

③ CISA（公認情報システム監査人）

CISA（公認情報システム監査人）試験の概要は、ISACA（情報システムコントロール協会）のホームページ www.isaca.gr.jp/cisa/ 参照。

システム監査技術者記載の箇所参照のとおり、システム監査をする者は保有したい資格であり、米国の資格だが、日本で日本語受験可能であり、択一式のみで深いＩＴ監査の知識は不要なため、ＣＩＳＡのみでも基礎的なシステム監査の知識がある良いアピールになる。

④ 公認不正検査士（CFE）

ＡＣＦＥ（一般社団法人日本公認不正検査士協会）のホームページ www.acte.jp/cfe/cfe-exam/about-cfe-exam.php 参照。

公認不正検査士は、海外ではフォレンジング（不正調査）の専門家として有名であるが、日本ではフォレンジングが発達しておらず、この資格者も非常に少なかったが、オリンパス事件等を受けて不正対応の監査基準が施行され、不正リスクが高い企業への監査の際、ＣＦＥ（公認不正検査士）を利用するのが一般的になれば、この資格への需要は増える可能性がある。

⑤ 米国税理士（EA）

既に説明したとおり、米国税理士試験も米国公認会計士試験と同様に英語でのみ受験可能であり、日本受験が可能である。国際税務や米国税務を専門とする者や今後国際税務や米国税務を専門としたい者には、役に立つ資格である。

また、英語で税務を勉強するため、税務の海外案件を担当する税理士には役に立つ資格である。日本の公認会計士だけでなく、日本の税理士も英語ができる者は多くないため、取得すれば、差別化することができる。

⑥ 公認内部監査人（CIA）

公認内部監査人（CIA）の試験概要は、一般社団法人日本内部監査協会のホームページ www.iiajapan.com/certifications/CIA/ 参照。

CIA（公認内部監査人）は、日本で日本語受験可能な米国資格であり、J-SOX（内部統制監査）導入時は、企業の内部監査室等で需要があったが、現在はJ-SOXは落ち着いており、需要は以前ほどなくなっているが、監査法人での監査知識を活かせ、試験内容も取り組みやすいため、内部監査部門に転職を考えている者は取得するとよい。

(2) 税理士が取得するとプラスになる資格

税理士が取得するとプラスになる資格は、米国公認会計士、米国税理士であろう。

理由は、英語のできる税理士をアピールでき国際案件に携わりやすくなる、米国公認会計士、米国税理士とも米国税務の勉強をするため、日米両方の税務が出来れば業務範囲が広がり、高い単価で業務を受嘱できる。

(3) 米国公認会計士が取得するとプラスになる資格

米国公認会計士が取得するとプラスになる資格は、(1)公認会計士が取得するとプラスになる資格のすべての資格であり、独立しようと思っていたら、やはり、国内独占業務を持たないと継続的な案件を取るのは難しいので、日本の公認会計士又は税理士資格があるとよい。

(4) 米国税理士が取得するとプラスになる資格

米国税理士が取得するとプラスになる資格は、日本の税理士又は米国公認会計士資格であろう。というよりも、米国税理士資格だけで、就職、転職、独立開業は難しいので、日本の税理士又は米国公認会計士資格のセカンド取得として米国税理士資格を位置づけるのが妥当であろう。

第8章 会計資格以外で公認会計士、税理士にお薦めのダブルライセンス資格

1 公認会計士にお薦めのダブルライセンス資格

① 弁護士

弁護士資格は、法律系資格の最高峰であり、弁護士資格の取得により、弁理士、税理士、行政書士、社会保険労務士、海事補佐人の資格登録をすることができる。また、弁理士及び税理士の業務は登録することなく、弁護士登録のみで職務を行うことができる。また弁護士本来の職務に付随する場合に限り、司法書士、行政書士、社会保険労務士、海事代理士、海事補佐人の職務を行うことができる。

上記から、弁護士資格及び公認会計士資格を取得することで、法律、会計及び税務に係わるほぼすべての業務を行うことが可能となる。

弁護士資格及び公認会計士資格を取得している弁護士は、公認会計士として監査法人や税理士法人等に所属していた経験や、公認会計士としての専門知識から、会社法、金融商品取引法及び税務訴訟を得意としている場合が多く、税務訴訟に強い弁護士は希少性があるため、弁護士として差別化もで

きる。また、ＩＰＯやＭ＆Ａに係わる法務では、会計や税務の知識を持ち合わせていたほうがクライアントに、より効果的なアドバイスができる。

② 行政書士

公認会計士は無試験で税理士及び行政書士の登録が可能である。行政書士登録することで、官公署に提出する書類、その他権利義務又は事実証明に関する書類を作成することが可能となる。

開業している公認会計士が行政書士登録後行っている業務は主に会社設立、相続手続等を行う場合が多い。その理由は、公認会計士が税理士登録し税務業務を行う場合、会社設立を安価に行うことで新設法人の税務顧問を獲得しやすくなるからである。また遺産分割協議書の作成等相続手続を行うことで、相続税申告業務と合わせて業務提供できるため顧客獲得可能性が高まる。

③ 社会保険労務士

社会保険労務士は、主に労働社会保険手続、労務管理の相談指導業務、年金相談業務等を行う。

社会保険労務士の業務内容から、労働社会保険手続や給与計算等は税金と密接に関連しており、顧客企業が、税金に次いで関心があるのが社会保険料及び社会保険手続である。

そのため、公認会計士が税理士業務を行う場合、顧客から税務顧問業務だけでなく、給与計算及び労働社会保険手続業務等を依頼されるケースも多くあり、その場合、税理士及び社会保険労務士として顧問業務を行うことができるため、顧客の獲得可能性が高まり、相対的に高い報酬を得られる可能性も高まる。

2 税理士にお薦めのダブルライセンス資格

① 行政書士

税理士は無試験で行政書士の登録が可能である。行政書士がお薦めの理由は公認会計士同様であり、(1)公認会計士にお薦めのダブルライセンス資格②行政書士の記載を参考にされたい。

② 社会保険労務士

社会保険労務士がお薦めの理由は公認会計士同様であり、(1)公認会計士にお薦めのダブルライセンス資格③社会保険労務士の記載を参考にされたい。

なお、米国公認会計士、米国税理士の会計資格以外でお薦めのダブルライセンス資格は特にない。米国公認会計士、米国税理士資格を日本で活かす場合は、まずは日本の公認会計士、税理士資格を取得してから会計資格以外の難関資格を取得するのがよいだろう。

著者紹介

福留　聡（ふくどめ　さとし）
【主な経歴】
公認会計士税理士ワシントン州米国公認会計士米国税理士　福留　聡　事務所　所長（日本・米国ワシントン州）公認会計士・（日本・米国）税理士　行政書士
有限責任開花監査法人パートナー
昭和51年，高知県生まれ広島県育ち。平成11年，慶應義塾大学商学部卒業。平成10年国家公務員Ⅰ種試験（現国家公務員採用総合職試験）経済職合格。平成14年，公認会計士第二次試験合格後，監査法人トーマツ（現有限責任監査法人トーマツ）入所。平成18年，公認会計士第三次試験合格。その後，あずさ監査法人（現有限責任あずさ法人）を経て，平成22年独立開業。平成22年米国公認会計士試験合格。平成26年米国税理士試験合格。平成30年有限責任開花監査法人設立。
主に，監査法人で上場企業の監査業務を経験した後，現在は，日本及び海外証券取引所のIPO支援，財務デューディリジェンス，バリュエーション，上場企業の決算支援，IFRS導入支援，監査法人対応支援，IFRS・USGAAP・JGAAPのコンバージョン，US－SOX・J－SOXのコンバージョン，日米税務（法人及び個人事業主の顧問），セミナー，上場企業及びＩＰＯ準備企業の会計監査などを行っている。
【主な出版】
『７つのステップでわかる　税効果会計　実務完全ガイドブック』（税務経理協会）
『７つのステップでわかる　税効果会計　実務入門』（税務経理協会）
『７つのテーマがわかる　ＩＦＲＳ実務ガイドブック』（税務経理協会）
『経理業務を標準化する　ワークシート活用ガイド』（共著，中央経済社）
旬刊経理情報（中央経済社）や企業実務（日本実業出版社）に定期的に投稿している。
『本音で教える公認会計士のすべて（やりがい・仕事内容・適正・試験・年収・将来）』，『本音で教えるUSCPA（米国公認会計士）のすべて　試験・収入・やりがい・キャリアアップ』，『本音で教える米国税理士（EA）のすべて』，『自分を活かす　会計資格の選び方・取り方・生かし方』，『TPPで日本の会計業界はどうなるか～会計資格の相互承認は可能か，米国公認会計士資格を取るべきか，語学の壁はあるか～』，『IFRS講義シリーズ』，『連結納税税効果会計』，『企業再編会計』，法人税，連結納税，所得税，消費税，米国法人税，米国所得税，相続税＆贈与税，財産評価など各種入門，法人税，所得税，消費税，米国法人税，米国所得税，相続税など各種申告書作成入門ほか現在までDVD講義36作品が一般社団法人　日本士業協会から販売されている。
【連絡先等】
公認会計士税理士ワシントン州米国公認会計士米国税理士　福留　聡　事務所
連絡先
（電話番号）03－6380－4698，090－4894－1388
（メールアドレス）satoshifukudome.sf@gmail.com
（HP）http://cpasatoshifukudome.biz/
（アメブロ）http://ameblo.jp/satoshifukudome/

著者との契約により検印省略

平成26年11月30日　初　版　発　行
令和２年２月20日　改　訂　版　発　行

公認会計士・税理士・
米国公認会計士・米国税理士
資格取得・就職・転職・開業
ガイドブック（改訂版）

著　者　福　留　聡
発行者　大　坪　克　行
印刷所　税経印刷株式会社
製本所　牧製本印刷株式会社

発行所　〒161-0033 東京都新宿区
下落合２丁目５番13号
株式会社　税務経理協会
振　替　00190-2-187408
電話（03）3953-3301（編集部）
ＦＡＸ（03）3565-3391
（03）3953-3325（営業部）
URL　http://www.zeikei.co.jp/
乱丁・落丁の場合は，お取替えいたします。

ISBN978-4-419-06706-9　C3034